お金でなく、人のご縁で
でっかく生きろ!②
[出会い編]

中村文昭

JN122317

サンマーク文庫

文庫化にあたって

この本との出会いに一番影響を受けた人は……間違いなく僕です。

というのも、本書を綴るにあたり僕は、今まで出会ったたくさんの人たちと再会しました。

僕の物差しでは測れなかった人たち。

世間の常識、ニュースや情報という大流に流されず、「楽しそうに」「幸せそうに」生きている方たち。

本編には書いていませんが、再会した方たちに教えてもらった人生を豊かにするシンプルなこと。

「出会って、気づいて、行動する」

先輩たちが実践していたこと、そして、気づけば僕もしていたこと、今もしていること。

本書を綴った十七年前、たくさんの再会の中から抽出された、小学生でもできることです。

このシンプルなことが今も僕の原動力となっています。

オンラインでのコミュニケーションが発達した現在、出会いの形は変われども変化の第一歩めは出会いです。

本を読む、YouTubeを見る、zoomセミナーに参加する……。

これらは全て出会いです。

その出会いを気づきで止めず、行動してみて下さい。

その行動は大きな変化をあなたにプレゼントしてくれます。

北海道の知人でゲンゲンという方がいます。

彼女は現在、学校勤めをされていますが、この文庫が発売されるころには六十歳で定年を迎え、再任用という選択をせず、鹿児島の外語学院に英語を学びに行っているはずです。

「人生百年時代」ということをテーマに、英語を学びたくさんの人と出会いたいという想いからです。

想像してみてください。ゲンゲンの一年後を……。

英語が話せるようになることはもちろん、四十歳ほど離れた若者（同級生）たちとの出会い……。

想像できませんよね。そうです、本人も言っておりますが、一年後が想像できないのです。

ほんの数年前まで、普通のおばちゃんだったゲンゲンが、僕と出会い、英語の可能性や素敵な校風に気づき入学する。

一年後の未来が想像できない状況に自らの身を置くのです。

世間一般でいうところの変な人ですよね。

しかし、視野を広くしてみてください。テレビやニュースで見る有名人、近くにいるすごい人、その方たちは、九割九分変な人です。

出会いには、あなたが考えうる以上の可能性が秘められています。

変な人に、おもろいと思える人に、出会ってください。

そして、気づいて行動してください。

その先に、想像もできない未来が待っています。
どうか皆様に素敵なご縁が訪れますように。

二〇二二年二月吉日

中村文昭

はじめに……親の代から「人好き・人たらし」

「のお、フミちゃん、おまえはいったい何者や。事業家か。レストラン経営者か。ウェディング・プロデューサーか。本を出して作家になったんか。それとも日本中回る講演家か」

尊敬する事業家、中川電化産業（株）・代表取締役の河中宏さんの会社にうかがったとき、こう聞かれたことがあります。

「そないなこと急に言われても。一年三百日の勢いで講演はしてますが全部口コミやし、事業は資本金三百万やし、ほんまのこと言うと、僕は肩書きのない人間ですねん。ただ、人が好きで、人に出会って、自分もでっかくなりたい、人のお役に立てる人間になりたい。ただそう思ってるだけの男やと思います」

僕がそう答えると、河中さんは豪快に笑いました。

「人間は、肩書きなんていらんのや」

「はあ」

「あのなあ、フミちゃん。人は『私の仕事は教員です』とか『私はスーパーを経営してます』だのと言うやろ。あれは間違いなんや」

「間違いですか?」

「**せや。人の仕事は、全員おんなじや。人間の仕事はすべて、人の役に立つことや。**だから、正解は『私の仕事は、教員という役割を通して、人の役に立つことです』になる。『私の仕事は、スーパー経営を通して人のお役に立つことです』とな。おまえは、人の役に立ちたいんやろ? それなら何をやっても、おまえは立派に仕事をしている事業家や。生きることが事業なんや。人間が営業力であり資材なんや。これこそ、永遠に飽きない商いやで」

「ほんまにそうですか。人に出会いたい、ただそれだけでいいんでしょうか」

「**ええ。ええに決まってる。おまえは、志の高い庶民になれ。庶民の中の庶民として、人になついて、なついて、なつきまくれ!**」

　尊敬する人のお墨つきをもらったとあれば、僕は素直なたちですので、喜びます。喜んで、もっとたくさんの人と出会い、ご縁を広げてでっかく生きようと、決意を新たにしました。

前著『お金でなく、人のご縁ででっかく生きろ！』を出してから、こんな質問をいったい、何人から投げかけられたでしょう。つまり――。

「新幹線で人の足を踏んで知り合いをつくる？　中村さん、いったいどうやったら、あなたみたいな人ができあがるんですか⁉」

しかし僕にしてみたら、不思議がられることが、不思議です。

「どうしてって、僕にとったら、普通なんです。子どものころから人になつくクセがありまして」

そんなふうに答えていたのですが、このあいだ、実家に帰ったとき、ふと気づきました。

「あっ、これや。この人が原因や！」

そうです、母です。僕が帰るたびに、「でやった（どうだった）？」とたずねてくる母です。この母から刷り込まれ、プレゼントされた人好き、おせっかいが、いつのまにか僕の「普通」になっていたのです。

思えば僕は、子どものころからアホなことばかりしていました。

いたずらをして呼び出されるなんてザラでしたし、やんちゃが過ぎて喧嘩《けんか》もしました。いけないと言われてもバイクに乗ったりと、規則違反は一通りやりました。けっこう深刻な謹慎処分を受けたこともあります。

そんな僕ですが、小さなころから両親の喧嘩する姿を一度も見たことがありません。

学校で友だちから「夕べな、親父とおふくろが、えらい喧嘩になって」などと聞くと、興味しんしんで「それって、どんなん？」と聞いたものです。

父は現在七十歳で、母は六十五歳ですが、当たり前のようにいっしょに入浴していますし、ダブルベッドで寝ています。

そういう穏やかな雰囲気の中で、僕はわが家の「普通」をもらいました。

当時はわかりませんでしたが、最高のプレゼントだったのかなと、今は思っています。

たとえば、家族でどこかへピクニックに行こうというとき、母は、もちろんはりきってお弁当をつくります。それればかりでなく、朴《ほお》の木団子《きだんご》という餡《あん》のはいった団子も必ずつくりました。しかも、その量が半端ではないのです。

いくら食べ盛りの男の子が二人とはいえ一家四人、そんなにたくさん、いったい誰が食べるんだ？　というくらいつくるのです。

おにぎり、から揚げ、煮物、卵焼きと、お弁当自体が山のようにあるのですから、団子は当然、余ります。すると母は、当然のようにパッと上着を脱ぐと、風呂敷がわりにして団子を載せて、全然知らない人のところに配って歩くのです。

「こんにちは。ええお天気やね。お団子どう？　山歩きして疲れたやろうから、甘いもの食べて」というわけです。

そうして配りに行ったまま、母は、しばらく戻ってきません。いっときのおしゃべりが延々と長引き、笑い声が上がり、さんざん盛り上がっているのです。帰ってくるときは、もっていった以上に上着がふくらんでいました――お返しに、というわけです。団子はすべてなくなり、みかんやほかのお菓子がザークザクです。

隣村の家族も都会から来たカップルも、そこにピクニックに来ていた人はみな、すでに母の「友だち」になっていました。

こんなこともありました。父の運転する車で出かけたときのことです。

自転車で一人、田舎道を走っている若者を見つけた母は、いきなりぽーんと父の肩を叩《たた》きました。

「お父さん、車止めて！　早く早く」

何ごとかと急ブレーキを踏んだ父をほったらかして、母はするすると車の窓を開け、自転車の若者に声をかけました。真っ黒に日焼けしたその大学生は、日本一周旅行をしているというのです。

父はもう、わかっているよという顔で笑っていました——そう、母のおせっかいの始まりです。

どこから来たの、から始まって、そんなやせた顔して何日ものあいだ、ろくなものを食べていないのではないか、そのカバンの中身は何、洗濯物がたまっているでしょうなどと、あれやこれやと話しかけ、結局、無理やり家に連れて帰ってしまいました。

遠慮する大学生をまずお風呂に入れ、荷物を取り上げるとパンツもTシャツも全部洗濯し、ご飯を食べさせてと、母がとことん世話を焼いたあと、彼は二晩泊まって旅立っていきました。

弁当までつくって送り出したので、別れ際に、大学生は感極まって泣いていました。そして、僕がそれまで見たこともない、分厚い礼状が届きました。

さすがに僕も、子どもごころに不思議に思いました。うちのお母さん、どうしてそこまでやるのか……と。

問うてみると、母はこう言いました。

「これがお母さんの普通なんや。だって、おまえもある程度大きくなったら、人の世話にいっぱいならなあかんやろう。今、お母さんが人のお世話をしておけば、おまえもいつか、いっぱいお世話をしてもらえるやろ。順繰り回って、当たり前のことや」

その言葉どおり、今まさに、僕はいっぱいいっぱい、人のお世話になりっぱなしです。

このところ、都会ばかりではなく田舎でも、子どもをめぐる事件が続発していま す。

子どもは、ランドセルに名まえを書かないということになったそうです。そして、人を見たら疑え、知らない人についていってはいけないと教えられています。

僕など人よりサルの多い村に育ち、知らない人に会うことなどめったにありませんでした。ときたま知らない人に会っても、釣りでもしていれば、わざわざ穴場を教えてあげたものです。

「おっちゃん、もっとええ場所あるよ。餌《えさ》は何？」などと話しかけ、「買ってきた餌だ」などと聞いたら黙ってはいられません。

川の石をひっくり返して、よく釣れる餌の川虫を捕ってあげたり、「家に来てお風呂にはいれば？」と誘ったりしたものです。

知らない人を見たら、助けなければという育ち方をした僕と、「人を見たら泥棒と思え」と言われて育つ子どもとでは、「普通」にそうとうの違いが出て当然です。

だからこそ僕は、わが家で刷り込まれた「おせっかい」＝「普通」という財産の大きさを改めて感じているところなのです。

その人にとっての「普通」がいかに大事なものか――。

それをきちんと教えてくれた人は、前著でもお話しした僕の人生の師匠・田端俊久さんです。

高校を卒業して東京に出たばかりの僕に、焼き鳥屋で声をかけてくれた恩人です。

何もわかっていなかった僕に、果物や野菜の行商、飲食店の開業・経営といった、がむしゃらで汗みどろの毎日を通して、仕事とは、人生とはと、考えることを教えてくれた人です。

田端さんは、「人生、考え方しだい。考え方がすべて」とことあるごとに語り、田端さんにとっての「考え方」という「普通」を、僕にとことん仕込んでくれたのです。

世間から見たら、田端さんは、僕なんかくらべものにならないほど、変な人でしょう。「変な生き方」をしている「変な人」が、その考え方こそ「普通」だと教えてくれたのです。

それまでの僕にとって、「考え方」などというのは、ないに等しいものでした。「考え方」しだいですべてが変わって見えてくる、そんなのウソだ、ありえない、普通じゃない、と思っていたのです。

ところが師匠は、その僕の思い込みを、木っぱみじんに打ち砕いてくれました。もののみごとに「考え方」ですべてが変わる、その事実、その当たり前、その「普通」を、裸一貫、行商から始めて六本木に何軒も店を出すという「実践」を通して教えてくれたのです。

生まれながらの能力も、後天的に身につけた学歴や資格も、でっかく生きるためには、それほど重要な要素ではありません。

人生は「考え方」がすべて、人間は志しだい。身をもって学んだ僕は、それも自分の「普通」として体と頭に刻み込みました。

この本では、これからさまざまな人の「普通」をご紹介していきます。出会いのすばらしさは、自分の「普通」とは違う、たくさんの「普通」にふれることだと思うのです。

なかには、とんでもない普通も、感動的な普通も、笑ってしまう普通も、思わず泣いてしまう普通もあります。どれもこれも、僕のたくさんの出会いの中でも、とびっきりのエピソードばかりです。

そう、この本は、僕が出会った人たちの「普通」を、みなさんにもおすそ分けしたいという、僕のおせっかいなのです。

そして一人でも多くの方に、たくさんの出会いを通じて、ご縁を広げ、でっかい人生を生きてほしい！　そんなメッセージです。

人と人とのぶつかり合いが生じるのは、いわば「普通」と「普通」のぶつかり合いということなのでしょう。似た者同士ばかり集まって、共通の趣味について話し合う——そんな世界はごく限られています。普通に生きていれば、気の合わない人も、理解できない人もけったいな人もいます。

もし、自分と明らかに「普通」が違う人に出会ったらどうするか。

二つの道があります。一つは、あの人はあの人だからと、わが道を行くことです。もう一つは、それを理解しようと努力することです。

僕はいつも後者の道を選びます。どうしてそんな「考え方」ができるのか知りたくなるし、悔しいし、焦ってしまうのです。

だから、その人が考えていることを理解し、近づこうとして、勉強したり体験しようとしたりします。すると自分の「普通」がちょっと変わります。心が大きくなったり、ほんわかしたりします。

僕がこんなにも「出会い」を求めて日本全国駆け回る理由は、もしかしたらそこにあるのかもしれません。

出会いにはいろいろなかたちがあります。

僕は日々、出会う人、講演でお会いするみなさんはもちろん、本を読んでくださる一人ひとりの方とも、出会っていると思っています。

この本を手に取ってくださったあなたは、もう、僕と出会っています。
これをご縁に、とことん最後までおつきあいください。

著者

お金でなく、人のご縁ででっかく生きろ！②〔出会い編〕　目次

第2章

期待を「裏切る」サプライズ家族に出会った!

第3章　度肝を抜く教育が「ケタ外れの人」をつくる

第4章
ニッポン全国、旅の先々に光る出会いがある

第5章 自分の物差しで測れない人との「でっかい出会い」

第6章

人生の師と友との出会いが原点

第7章 身近な人こそ大事にしたいご縁

装丁……萩原弦一郎（256）
編集協力……福島茂喜
株式会社ぷれす
編集……青木由美子
佐藤理恵（サンマーク出版）

第1章

人との出会いが、でっかい人生をつくる

出会いは十円玉よりたくさん転がっている

「出会いがない」と言う人は気づいていないだけ

生まれて初めて本を書いて、まもないころです。

新大阪駅で新幹線に乗る際に、僕は構内の本屋さんに立ち寄りました。

自分の本が置いてあるかが気になって、きょろきょろしていると、一人の女性がまさに『お金でなく、人のご縁ででっかく生きろ！』を手に取り、立ち読みしています。うれしくて、僕は思わず、その人の顔をのぞき込みました。

「こんにちは。じつは僕、その本、書いた者です。読んでみてくださいよー。自分で言うのもなんですけど、いやあ、おもろいでっせー」

キャリアウーマンふうの女性はびっくりして、怪訝《けげん》な顔をしています。

「いや、あやしい者ではありません。ほら、カバーのところに印刷してある顔写真、見てくださいよ。ほら、この顔でしょう。初めてなんで、うれしくて」

きょとんとしたまま、カバーの写真と僕の顔をまじまじと見くらべていた女性は、いきなり笑い出しました。

「やだ、ほんとう。でも、本を書いた人に、偶然こんなふうに話しかけられるなんて信じられない！」

「いやあー、これもご縁ですねえ」

この日は「新幹線友だち」をつくる前に「新幹線・構内友だち」をつくってしまいました。

僕は、まるでバカの一つ覚えのように「出会いってすばらしい」「人のご縁は宝物だ」と言っているのですが、本を読んでこんな感想をくださる方もいます。

——私は出会いに恵まれない。

——激しく人見知りする性格だから、そうそう人と仲よくなんてなれない。

しかし、「袖振り合うも多生の縁」というように、毎日すれ違う人の数を考えれば、出会いなどいくらでも転がっているはずです。

出会いというのは、じつは、道端に転がっている十円玉を見つけるより、簡単なのです。

ちょっと考えてみてください。たかが小銭といえど、道に落ちている十円玉を目にすることが、一週間に何日あるでしょう？　よっぽど目を皿のようにして下を向いて歩いていなければ、月に一回、あるかないかという人がほとんどのはずです。ところが普通に歩いていて、人をまったく見ない日は、月に一日もないでしょう。通勤途中の都会には、たくさんの人が行き交っていますし、のんびり家の近くを歩いていても、犬の散歩の人とすれ違うかもしれません。過疎の村でさえ、郵便屋さんや近所の農家の人くらいには会うでしょう。

そのうちの誰もが、自分の大切なご縁につながる可能性をもっています。第一、道で十円を拾うよりも、人とご縁をつないだほうが、よっぽどうれしいではないですか。

たとえ人見知りだって、気のもちよう一つでいくらでも変えられるでしょう。いえ、そもそも人見知りなど、ご縁を呼ぶ障害にはならないのです。

人見知りの人には人見知りなりの、出会い方があるからです。

小石を池に投げ入れたときにできる水の波紋のように、自分を中心としたご縁がご縁を呼んで広がって、巨大な人の輪をつくることもできるのです。

「出会いがない」と決めつけ、「人見知りだから」と自分を閉じてしまうのは、自らこの無限大に広がる可能性から、遠ざかってしまうことにほかなりません。

なんと、もったいないことでしょう！

でっかい人生をつくるのは、やはり出会いです。

頭のいい人もお金持ちも、自分一人でできることは、限られています。自分に深い感動をもたらす出会いを、さらにご縁としてこそ、「でっかい」人生の糧となります。

とくに度肝を抜かれるでっかい出会いは、人生の方向をくるりと変えさえするのです。

ところで、僕が出会って度肝を抜かれた人々は、みな「普通」の人たちです。

度肝を抜くような並外れた「変な人」たちなのに、「普通」とは、いったいどういうことかと不思議に思われるかもしれません。

「普通」なのに、心動かされた……そうではありません。

「普通」だから、心動かされた……これもすこし違います。

「普通」なのは、彼らではありません。

彼らにとって「普通」だから、心動かされた……これが真意です。

つまり、こちらから見ればすごい生き方や考え方が、本人にとってはいたって

「普通」のことだという点が、変な人、すごい人の共通点なのです。

そういう意味で、僕が「でっかい」出会いをした人々の「普通」は、どれも、僕にはとても「普通」にできないことばかりでした。

じつは、尋常でないことを、いとも当たり前のようにやっているということは、その人自身は、そのことをすこしも「すごいこと」と思っていないからなのです。

これこそ、まさに、すごい人の〝すごさ〟といえるのではないでしょうか。

だからこそ、無理なく、自然な〝すごさ〟がにじみ出るのだと思います。

僕も自分なりの「普通」を見つけ、でっかくなりたいと、今日も出会いを求めています。

腕でなく口でなく、背中で教えろ！

幼い息子たちに刷り込んだ四つの「普通」

人それぞれ異なる「普通」の中には、自分にもできるような「普通」もありますし、すぐには真似《まね》できない「普通」もあります。

お年寄りには絶対に席を譲るという「普通」、細かいプラスチックまできちんとゴミの分別をするという「普通」、毎日、奥さんに愛をささやくという「普通」――。

その人にとって当たり前のことなら、どんなにまわりと違っていても、それがその人の生き方を決めている大切な「普通」です。

僕には二人の息子がいます。長男が五歳、次男が四歳の年子です。

年齢がくっついているので、喧嘩《けんか》はする、いたずらはするで、てんやわんやの毎日です。

四歳の次男は、かなわないくせに長男にかかっていくので、腕を引っ張り回されて三回ほど肘《ひじ》が抜け、先だっては追い回されて柱に額をぶつけて五針も縫いました。

この腕白坊主二人に、僕たち夫婦は、僕たちの考える「普通」をプレゼントしたいと思いました。

自我が芽生えて、自分たちの意識ができてくる前に、彼らの着地点というか、拠《よ》って立つところをきちんと与えておいてやりたいと思ったのです。

僕たちが考えた「普通」は全部で四つあります。

一つは、履き物をきちんとそろえること。

たかが靴という人もいるかもしれませんが、履き物は自分の全体重を支え、一生つきあっていく大事なものです。

僕らのポイントは、子どもにそれを強要しないことでした。子どもの周辺の大人たち、僕らの両親、僕と妻は、つねにそろっている靴を子どもに見せていこうと決めたのです。

子どもにはそろっている靴だけを履かせるようにしました。子どもがそろえなかったときは、「そろえなさい」と言わずに、黙って大人がそろえておいたのです。

そうすれば、親に言われなくても、そろっていない靴を履くことに気持ち悪さを感じるのではないかと、僕は思いました。

結果は上々でした！　そろった靴しか履かないことを毎日毎日刷り込んだ結果、そろっていないことに違和感をもつようになったのでしょう。わが家のやんちゃなチビたちは、今では完璧《かんぺき》に靴をそろえるようになりました。保育園では、人の靴までそろえているようです。

このごろそのクセは靴だけではなく、衣服にまで及んでいます。息子たちは風呂にはいるとき、脱いだ服を畳んでから洗濯カゴに入れるようになりました。掃除も後片づけも、親が何も言わないのにできるようになりました。

二つ目は、挨拶《あいさつ》。

これも、生きていくための基本です。

「おはよう」「いただきます」「いってらっしゃい」

僕も妻も、ちょっとオーバーなくらい、日常の挨拶をします。ですから、息子たちはどこに行っても大きな声で挨拶します。

知らない人にもどんどん話しかけるので、少々心配になるくらいです。しかし僕は、もしかしたら、そうやって知り合いをたくさんつくっておくほうがいいのではないかとも思うのです。何かあったら、誰かが気づいてくれるのではないでしょうか。

現にわが家の食卓は、息子たちの挨拶でちょっぴり得をしています。

八百屋さんでもお肉屋さんでもスーパーでも、チビがお店の人に大声で挨拶するので、おまけをしてもらえるというのです。

「今夜のおかずの天ぷら、お惣菜屋《そうざいや》のおばさんがくれたの。いつも大きい声で『こんにちは』って言えてえらいねーって。最近、うちのおかずが増えてるのは、だいたい、もらいものなんよ」

半分あきれながらニコニコしている妻を見て、子どももニコニコします。それを見て、

「こいつら、一つのいいことが、どんどんつながっていく『いいことスパイラル』を、子どもなりにわかってるんじゃないか」

僕はそう感じます。

人との出会いは、最初の数秒間で決まることもあります。そこで出せるものは、挨拶なのです。元気よく挨拶をしている息子たちを見ていると、「おまえら、塾に通っていい成績をとるよりもいい『人生のラッキーカード』を引けるんちゃうか」などと思っているところです。

三つ目は、日本の地理を知ること。

五年前、あるご縁がもとで、僕は講演活動を始めました。

人に喜んでもらおう、何か感じ取ってもらおうと、実体験から感じた出会いのすばらしさについてしゃべりまくった最初の年の講演数は十回。

それがありがたいことに口コミで広がり、僕も人に喜んでもらえるのがうれしく

て片っぱしから受けているうちに、翌年は三十回、そのまた翌年は八十回と、「倍々ゲーム」以上の勢いで増えていきました。

本を出したこともあり、一昨年は百七十回、そして去年は二百七十回と講演で各地を飛び回るようになったのは、「しゃべり好き人間」には、たいへんうれしいことです。

留守がちになりますので息子たちは、「今度はどこへ行くの？」と聞くようになりました。そこで、大きな日本地図を壁にはり、僕の居場所を説明することにしたのです。ついでに日本の地理を覚えることができます。

「僕んちがある伊勢はここ」「お父さん、今日は仙台や」

息子たちは今、地図でほとんどの場所を示すことができるようになりました。

四つ目は、子どもの前で本を読むこと。

子どもに説明するとき、僕の仕事のうちでも、レストラン経営やウェディング・プロデュースは簡単です。講演となるとなかなかわかりにくいと思いますので、こんなふうに言います。

「お父さんはな、人に喜んでもらうために話をしに行ってるんや。せやから勉強せねば」

もちろんほんとうに、勉強は必要です。そうやって僕が本を読んでいるうちに、息子たちは競うように真似をして、いつのまにか本が好きになりました。

家にいることがめったにない父親なのですから、妻と喧嘩をしたり、テレビをぼんやり観《み》ている姿を見せないようにしたいと思っているのです。

乗り物に夢中な息子たちは、どうやら、お父さんのように本を読んでいたら、大好きな飛行機や新幹線に乗れるようになると思っているようです。

上の子は絵本、下の子はウルトラマンの本ですが、知っている字が多いほどたくさん読めるので、自然と字を覚えようとします。字を覚えれば、書きたくなります。

僕は、一枚のはがきが次のご縁につながると信じているので、しょっちゅう手紙を書いています。手紙を書くと、全国から返事が来ますので、うちの郵便受けはいつも満杯です。

「いつか、お父さんみたいに、お手紙をいっぱいもらいたい」

こうしてすこし字を覚えた息子たちは、どういういきさつなのか、横浜の清水さんという女性と文通を始めました。

「しみずさんへ　ぼくは　ゴジラになりたいです」

画用紙にクレヨンでそんなことを書いては、お返事をいただいているようなのです。それはそれは楽しそうです。

この四つを、僕は子どもにとっての「普通」にしたいと思っています。

正しい正しくないの判断でなく、それが普通で当たり前だからやっている、ただそれだけのことにしたいのです。「普通」は、日々実践してこそ「普通」になるのです。

「ででも星人」でなく「ほら吹き善人」を目指せ！

「でも……」と言わない素直さが、すごい出会いをつかむ

じつに単純な、わが家の「普通のしつけ」にも、さまざまな反応があります。

「でも、うちじゃ、できない」

そうおっしゃる方もいるのです。僕はべつにしつけ名人でも教育者でもありませんし、その家ごとのやり方があっていいと思います。

ところが、この「でも」には根深い落とし穴もあるのです。

東京を引き上げ、伊勢でバー「クロフネ」一号店を開いたころ、僕はよく講演会や自己啓発セミナーを聞きに行きました。自分の可能性は、まだまだあると思っていましたから、三泊四日で五キロぐらいやせるような、極めつきの「地獄の特訓」系セミナーに参加したりもしました。

その当時からとても不思議に思っていたことがあります。

それは、講演会や研修に行ったとき、周囲にいる人々の反応が僕と正反対だったということです。

僕は素直な人間です。ときどきアホか、と言われるくらい素直なのです。ですから、いい話を聞くとはりきってしまいます。

「これはすぐに使えるな」とか、「よしよし、いい話を聞いたぞ。さっそくやってみよう」などと考えながら、舌なめずりして聞いているのです。

ところが、多くの人が会場を出るか出ないかというときに、「いい話だった。感心した。でもね……」と、自分にはできない理由を数え立てるのです。

講師の話を聞いているときは、感心してフムフムとうなずいているのに、直後に

「でも……」が始まります。

「でも……私は主婦だし……」

「でも……今は仕事が忙しいし……」

「でも……もう年だし……」

「でも……この人は特別だから」

「でも……講演に来るような偉い先生と僕たちは違うし……」

おおむねこんなところでしょうか。

そういう言葉を聞くたびに、僕は「せっかくいい話を聞いたばかりなのに」と、その反応が不思議でした。「どうして？　いちばん感動の中にいるはずのときなのになぜ？」と思ったわけです。

僕たちはなんのために勉強会や講演会に足を運び、人の話を聞くのでしょう。

そこで聞いた話から、自分の生き方のヒントを見つけるためではないでしょうか。

「でも……」とできない言い訳をするためだったら、本を読む必要もなくなります。

誰かに出会う必要もありません。

「でもでも星人」でいたいならば、家に閉じこもり、本も読まず、人にも会わず、わが道を行けばいいはずです。

多くの人が、今の自分に疑問をもちながらも、変わることができない理由は、この「でも……」にあるのではないでしょうか。

自分の夢をかなえることができない、目標が達成できない、自分の未来を変えることができないなどの最大の障害は、人の話を聞いたり本を読んだりした、その直後にあるのだと僕は思いました。

僕の講演会でも、同じようなことが起こります。

話を聞いてくださったあとで、「中村さんは、幸運な出会いがあってラッキーだったんですね」とか、「遅かったなあ。三十年前に聞いていればよかった」とか、「おれはもう無理だが、部下や息子に聞かせたいよ」などとおっしゃる方がいます。

こういう人は、きっと、いつ誰の話を聞いても変わらないのではないかと僕は思います。だったら、僕がその人の前に現れた意味はどこにあったのでしょうか。

まったく違う反応の方もいます。

「今、六十二歳だけど、自分の半分の年のあなたからいい話を聞いた。今日からさっそくやってみようと思う」

「これからを考えれば、今日がいちばん若い日なんだから」

などというれしい言葉をかけてくださるのです。こういう人々はけっして「でも……」と言わない人たちです。

また、「悔しい」という感想をもらす人もいます。

とくに若い人に多いので、僕は決まって「よっしゃ。それが大事なんだ」と答えます。

悔しいと思うということは、僕の話を聞いて、自分がまだまだだと思うから悔しいわけです。それは自分を変えようという原動力になるはずです。

仮に僕が、人一倍友人知人に恵まれ、自分の可能性を広げることに成功しているとするならば、それは「でも……」と言わない素直さが理由だと自分では思っています。

素直だから、話を聞けば「ほう」と感心します。素直だから、いい体験談を聞けば「ああ、この人の真似をせないかん」と思います。

自分にできることは何かを考えて、そのできることを書き出してみることもあります。

やはり、相手の話したことをそのまま書き留めるよりも、それを聞いて、自分には何ができるかを書いたほうが効果的なようです。

そして、それを口に出して言ったときは、スタートのときです。まわりの人に言ってしまうと、ほら吹き扱いをされかねないので、あとは実行あるのみですね。

じつを言えば、僕の中には「ほら吹きのどこが悪いのか」という思いもあります。

僕が人の話を聞いて、「おれなあ、今日から、こうしてああしてそうする」と言うと、みんなは「またほらが始まった」と言いますが、ほら吹きと誇大妄想家は違うのです。

つまり、聞いた話がどんな話であれ、そこになんらかのヒントを見つけて、自分の可能性を広げるのがよいほらだと思います。自分に一定の枠を設けず、よいことにつなげるほらを吹くことが肝心なのです。

そういう人を、僕は「ほら吹き善人」と呼びたいと思います。もちろん、自分は、その第一号になりたいのです。

始まりはドジとおっちょこちょい

「出会い人生」の秘策・秘密のきっかけ

さて、前の本で書いた「新幹線に乗ったら、隣に座った人の足を踏んで、それを人とのご縁のきっかけにする」という話について、ちょっと秘密を明かしておきましょう。

この話はよほどインパクトがあるようで、必ず話題になりますし、やはり「でも……」という反応がすくなからずあります。

「たしかにおもしろい。でも……、私にはそんな勇気のいることは、とてもできないな」

というわけです。

まあ、このように言われるのも無理はないでしょう。

というのは、「なつき屋」の僕にとっても、これは年季がはいってからの高等技術だったのです。

この「新幹線友だち」をつくる出会い人生のほんとうの始まりは、東京行きの新

幹線で起きた、ある偶然のできごとからでした。

子どものころから、おっちょこちょいの僕は、車内販売のコーヒーを買おうと小銭入れを出したとたん、あやまって中身を全部、床にばらまいてしまったのです。

小銭は当然、隣の席にまで転がっていきましたが、よほど偏屈な人でないかぎり、人が小銭をばらまいてしまったのを黙って見ている人はいません。

そのとき隣で本を読んでいた営業マンふうの中年男性も、慌てふためいて小銭を拾う僕のために、

「おおお。こっちにも、こっちにも……。これで全部かな」

と言いながら拾うのを手伝ってくれました。そうすれば僕としては当然、

「いやあー、申し訳ないです。ほんとうにご親切にすんません」

ということになります。するとその営業マン氏も、

「いやいや、誰にでもあることですよ」

と言ってくれました。そこで、

「すんません。ドンくさくて……。よかったらコーヒーいかがですか。小銭やったら、見てもろうたとおり、なんぼでもありますから」

「ハハハ、そうですか。すみませんね」

となって、きわめて自然な流れで、二つのコーヒーが二人の前に並ぶことになりました。

こぼれた小銭、コーヒーといった小道具のおかげで、僕たちは、とてもスムーズに会話を楽しむことができたのです。

いくら上手に質問をしようとしても、あるいは聞き上手の人だったとしても、最初に心の門を開くのは難しいものです。

そんな中で「これはいい」と思った僕は、しばらくのあいだ、この「小銭作戦」のお世話になりました。小銭入れを開けながら、手をすべらせればいいのですから、難しい技ではありません。

始まりは偶然でも、いいと思ったら自分の秘策にしてしまっていいのです。

ただ、小銭を拾うのには、けっこう時間がかかります。

「いらん、いらん、コーヒーなんか」

という人もいますので、いつも作戦成功というわけにいかないのです。

「足を踏む」技術は、このときのドジぶりから進化したものです。

これをやるようになるまでは、荷物を網棚に載せるときに、上着の裾《すそ》が相手の顔を撫《な》でてしまうなどという「作戦」を試したこともあります。

お気楽にやっているように見えて、これでもけっこう苦労しているんです。血と汗と涙とド根性……いいえ、白状します。

僕はじつに楽しみ、嬉々《きき》としてさまざまな作戦を試していました！

「納税額日本一」になつく法
斎藤一人さんに、お墨つきをもらうスリスリ作戦

事業を起こすとき、長者番づけの上から順に借金を頼みに行った話を、前の本で書きました。そのせいなのかなんなのか、本を出して一年後、ある噂《うわさ》が耳にはいってきました。

「納税額日本一の、斎藤一人さんが中村さんの本をすすめてくれているよ」

もちろん面識はありません。斎藤一人さんはベストセラーを何冊も出しているすごい人というのは知っていましたが、素顔は謎めいています。

「あー、斎藤一人さんのご推薦を本の帯にいただけたら、ますますたくさんの方に読んでもらえるでしょうね。うーん、すごそう～。でも、どうすればいいですかね～」

東京に行ったついでにサンマーク出版に寄ると、担当編集者の青木由美子さんがつぶやいています。よく聞くと、読者アンケートの購読理由にも、「斎藤一人さんが推薦していたから」というものがいくつもあるというのです。

「そんなん、お願いしますって頼みに行ったらええがな」

「どうやって?」

聞かれても僕だってわかりません。しかし、たぶん大丈夫という、根拠のない自信がありました。そこで会う人会う人に情報収集を開始すると……。

「東京の江戸川区に、異常なまでに『お金でなく、人のご縁ででっかく生きろ!』を山積みにして売っている本屋があるよ」

その店の名は、「読書のすすめ」。何かありげな匂いがします。

訪ねていくと、噂どおり僕の本を山積みにしてくれています。本は、出版してすぐはたくさん並びますが、だんだん、棚に一冊というように減っていきます。

それなのに、この本屋さんは違うのです。大きな本屋さんでもないのに、なんだこりゃ、と、僕はうれしい半面、とまどいました。すこし離れた棚では、店員らしき眼鏡をかけた細身の男性がお客さんに熱く語っている最中です。

「立ち読みしているその本、君にはちょっと早いだろう。それより、こっちの本はどう？　四十六ページの三行目、そこを読んだら人生変わるよ」

僕は、本屋さんというのはただ本を並べておき、立ち読みの人にハタキをかけ、万引きを取り締まるものくらいにしか思っていませんでした。ところが、この人は本の内容からお客さんが何を求めて本を探しているかまで、聞き出そうとしているようなのです。

「おせっかいな人やな。でも、こうやって、すすめられるのは、人が好きで、本が好きだからだろうな」

これが「読書のすすめ」店長で、読書の楽しさ、奥深さを広めるＮＰＯ法人読書普及協会の理事長・清水克衛さんとの出会いです。さっそく自己紹介し、近くで昼飯でも、ということになりました。

「まだお日様は高いけど、ちょこっとだけ。ビールください！」

僕が叫ぶと、清水さんも当然という顔でにっこりします。これは気が合いそうです。

お話をうかがうと、清水さんは、『斎藤一人のツキを呼ぶ言葉』『強運道』などの著書もあり、出版業界では有名な方でした。

「金太郎アメみたいに、どこもかしこも同じような品ぞろえの書店をつくるのは意味がないよ。売れているからといって、みんなが同じ本を読む必要はないし。おれはね、自分がほんとうにおもしろいと思った本を、ほんとうにそれを求めている人に届けたいと思ってるんです。本って、感動するじゃない。そうしたら人に言いたくなるじゃない。だから中村さんの本も、読んでおもしろかったからいろいろな人にすすめて、その中に斎藤一人さんがいたんですよ」

この人は、ほんとうに本が好きで、志をもって仕事をしているんだと感じました。こりゃ、職人さんや、と思いました。

そもそも、清水さんと斎藤一人さんのご縁ができたのも、清水さんの人となりや生き方を、斎藤さんが買っているからなのだと思います。

近所の食堂にもかかわらず、どんどんビールを追加し、いつのまにか日本酒まで頼みはじめた理由は、それだけではありません。

「この人が、斎藤一人さんへご縁をつないでくれるはずや!」

僕はそんな下心アリアリで、清水さんに「スリスリ作戦」を開始したのです。

「人が好きなおせっかいなら、中村さんとおれは、どこか似ているかもしれませんね」

熱く語り合ううちに、ビール瓶やトックリが林のごとく並びました。そこで単刀直入、僕は切り出しました。

「清水さん、じつは僕、下心アリアリですねん。企みだらけですねん。そんなに斎藤一人さんが褒めてくださってるなら、清水さんのお力で、なんとか斎藤一人さんに本の推薦文、書いてもらえまへんやろうか」

下心を秘めていたら、ズバッと「下心があります」と言ってしまったほうがいいのです。はっきり口に出して真正面から言うと、下心は本気のお願いに変わるのです。

「そこまで言われたら、一人さんにお願いしてみますけれど、あてにしないでください。じつはそういう依頼がたくさんあって、お断りしてほしいと、頼まれているので……」

とにかくダメもとで、とその日は清水さんと別れたのですが……。

――「ひとつこと」に集中することがどういうことかよくわかりました。笑えました。涙も出ました。

斎藤一人さんにいただいたこの言葉が、本の帯を飾ってくれることになったのは、それからまもなくです。

お目にかかったときの印象は、「とても柔らかなオーラをもつ方」。

「あのー、下世話な話ですけど、中村さん、斎藤一人さんへのお礼、どうしたらいいですか～？」

相変わらずボーッとしながらも、とても喜び、ちょっと困っている青木さんに、僕はこう答えました。

「相手は納税額日本一やから、なまじなお礼は、かえって失礼やろ。一人さんにいただいた『ひとつこと』に集中する生き方を、頑張って貫くのが、僕にできるお礼やと思う」

まだお礼はしきれていませんが、毎日、毎日、すこしずつお礼を積み重ねて生きたいと思います。

青春は、憧れが最初のスイッチになる時代
シラけ中学生も、周波数を合わせればビンビン響く

講演にたくさん呼ばれるようになってから、僕は「なんのために呼ばれるのか?」を考えるようになりました。使命のようなものがあるのではないかと思ったのです。

その一つが、子どもや若い人に、大人として何か伝えることではないか——そう気づいてから、僕は積極的に学校の生徒に向けた講演会に取り組みはじめました。

素直さいっぱいの中学生、高校生。彼らに、偏差値では測れない、「人間性の花のタネ」を見つける方法を、伝えようとしているのです。

ただ、講演前に、係りの先生方が異口同音に言われることがあります。

一時間半の講演を予定している僕に、

「中村さん、四十五分の授業でさえ、十分たったらそわそわしはじめる生徒が、一

時間半も聞いていられるはずがありません」

そして、講演のあとに質問の時間を設けたいと言うと、先生方はこう口をそろえます。

「活気も好奇心もなく、クールそのものの生徒から、質問なんか出ませんよ」

そう言われはしても、あくまで先生方の予想です。

「ともかく、雰囲気を見ながらやってみます」

いざ始めてみると、休憩もないのに授業の倍の時間、生徒たちは、まばたきもせず、僕の話に聞き入ってくれることがほとんどでした。

僕は、頭のいい話はできません。自分の体で体験し、心の底から「そうだ！」とうなずけたことを、精一杯熱く、できるだけおもしろく楽しんでもらえるように、しゃべりまくるだけです。

自分自身、十八歳のとき本気で夢を語ってくれる大人に出会えた感動を、おせっかいにも、分けているつもりなのです。

質問時間には、ちょっとした工夫が必要でした。もじもじしているだけで誰も手を挙げてくれません。そこで僕は、言いました。

「質問したいなあと思ったけど、勇気が足りなくて手を挙げられない人がいるんやないかな。そういう人は、正直に手を挙げてみ。当てないから」

するとと、おずおずとながら、ほとんど全員の手が挙がったのです。

さらに僕は言いました。

「聞きたいことは、今聞くんだよ。恥ずかしくても、それをしなかったら、今のまんまの自分でしょ。聞けば、違う考えが出てきて、未来を変えることだってできる」

何人かの目つきが変わったのが、感覚的にわかりました。

「僕が話したのはそういうことなんだよ。もういっぺん聞くよ。勇気もとうよ。質問ある人、はい！」

ブワッと手が挙がったことはいうまでもありません。

講演会が終わり、壇を降りると、生徒たちは、僕の前にずらっと並んで質問攻めにしました。そろそろ帰りの時間だと言っているのに、質問コーナーが終わらないのです。

長い質問コーナーが終わり、校長室に呼ばれてお茶をいただいていると、ばたばたと足音がします。なんと、二十人ばかりの生徒が、集まってきたのです。

校長先生が入室を許可すると、一人の女の子が代表してこう言いました。

「校長先生、どうかもう一度、中村先生にうちの中学に講演に来ていただけるよう、頼んでください」

「もっとお話を聞きたいのかい？」

校長先生がたずねると女の子は答えました。

「それもありますけれど、私たち、親といっしょに中村先生のお話を聞きたいんです。先生の、偏差値とかじゃない、自分の人間性の花のタネはなんなのかというお話を聞けば、親も、ほんとうの私らしさってなんなのか、考えてくれると思うんです。私、先生の講演をきっかけにして、親とそういう話をしてみたいんです」

一生懸命言うその姿に、校長先生もうなずいています。

子どもにしてみれば、親というのはいちばん長いこと、自分をよく見ている存在です。それがいつのまにか、学校の成績だけではかられるのが、つらいというのはよくわかります。

今の子は、無気力だと言われますが、僕はけっして そう思いません。スイッチ・

オンのタイミングがなかなか見つからないだけなのです。

自分の子どものころを思い出すと、好きな科目イコール好きな先生でした。好きな先生だから、褒めてもらいたくて勉強するし、好きな先生の話だから聞くのです。

結果として、その科目ができるようになり、ますます好きになるという好循環、相乗効果が生まれるわけです。

僕自身、昔をふりかえって思うのですが、高校生や若い男の子は、ある種のかっこよさを求めています。

ですから、人生をうまく渡るには、というような話よりは、

「好きな女の子に子どもができたらどうするか」

「男として責任をとって、どうやって生きていけばいいか」

といった話に耳を傾けてくれます。そのときの態度で、自分のかっこよさが試されると思うからでしょう。

僕がかつてかっこいい大人にしびれたように、僕も子どもたちや若い人をしびれさせる本物の男、本物の大人になりたいと感じるのです。

腹を見せてこそ、強い犬

悩みや弱点はウリにしたとき強みになる

かっこいい人と聞いて、みなさんはどんな人を連想するでしょうか？

マジシャンのマギー司郎さんが、ＮＨＫの『課外授業　ようこそ先輩』に出演されたときのことです。この番組は、それぞれの世界のプロが母校の小学校へ行って授業をするという番組です。

マギーさんはマジシャンですから、子どもたちに手品を教えたのですが、彼が最初、子どもたちにさせたことは、自分の弱点を紙に書かせることでした。

それは、マギーさん自身の体験から会得した、人とのつきあい術でした。

マギーさんは小学生のころ、勉強は苦手、スポーツも苦手、ごくごく内気という目立たない子どもでした。

マジシャンを目指して上京してからも、不器用で失敗ばかりして、仲間内からも下手だ下手だと言われていました。

そんなある日、タネがばれそうになって、ポロッと本音が出てしまいました。

「僕もいろいろたいへんなの」

するとお客さんがどっと笑ってくれたのだそうです。

僕が偶然のできごとで人との出会い術を獲得したように、マギーさんも偶然に、客から受けるコツをつかんだのです。それは、自分の弱点を正直に出してしまうことでした。

たしかに、マギーさんの手品には、ミスター・マリックさんがもつようなカリスマ性はありません。

一生懸命にやっているんだけれど、失敗しそうではらはら、うまくいくとつい、お客さんもいっしょに喜んでしまう……。

これがマギーさんのウリであり、彼だけがもっている立派な個性、「人間力」ともいえます。それがマギーさんの強みであり、かっこよさになるのです。

こうした体験があるから、マギーさんは、子どもたちが自分の弱点を、人にも言えずにどれほど悩んでいるかを知っていたのでしょう。

そして、それをさらけ出してみれば、とても気が楽になるし、たいした悩みでもないことに気づくだろうと思ったに違いありません。

最初は、「恥ずかしくて言えない」とためらっていた子どもたちも、マギーさんの励ましでしだいに打ち明けはじめました。

そして、隣のクラスに行って、その弱点を話の中に織り込みながら、手品を披露することができたのです。

僕がいつも店のスタッフに言っていることも、それと同じです。

「特別な人間になろうとするんじゃない。弱みを含めて、そのまんまの自分を光らせろ」

すこし前に、僕の講演を聞いた若者が、「ぜひ、中村さんの店で働きたい」と訪ねてきたことがあります。

彼の気にかけていた点は、片方の耳が聞こえないことでした。

ウェイターとして彼に働いてもらうことにしたとき、僕は、マギー司郎さんの弟子、マギー審司さんの真似をしたらどうだと言いました。

マギー審司さんは、片耳を押さえておいて、「え？　なんですか」と言いながらポンと大きな耳を出すのをネタにしています。

ですから、片耳が聞こえないことを隠す必要はない、いっそのこと武器にしてしまえと彼に言いました。

「無理して聞き取れないことを聞こうとしたり、つくろう必要はないねん。そのまんま、『自分はこういうわけで、こっちの耳が聞こえないんです。すんませんが、もうちょっと大きい声で言ってください』と、お客さんにネタにして話したらええんや。そうしたら、お客さんは『へーっ。あんたおもろいね。隠したりしないんだね』と、君のことを覚えてくれるかもしれん。それできちっとサービスしたら、お客さんは君のファンになるで。君に会うためにこの店に来るようになるんやで」

それを聞いた彼は、「でも……」と言うどころか、自分だけのネタを編み出しました。

「すみません。こっちの耳、聞こえないものですから、ご注文はこっちの耳に入れてくれませんか」

そう言いながら、おもちゃ屋で売っている大きなつけ耳をパッと出し、まるでマギー審司さんのように注文をとってみようと考えはじめました。

新人とはいえ、さすがわがクロフネの仲間です。

やみくもに弱みをさらけ出す必要もありませんが、一人ひとりがもつ、自分だけのネタを探すことです。

弱みや悩みは、じつは自分だけのネタになりやすいのです。

ドーベルマンやシェパードのような、大きい強そうな犬が、ゆうゆうとおなかを見せて甘えている姿は、いっそう強く見えるものです。

そういう意味で、僕は難しい「人間力」をつけようと言ったことはありません。本人らしさを光らせることこそ、ほんとうの力となってくれるのです。

しゃべくり男・十三か月の沈黙
中学時代、孤独のどん底で学んだこと

こうまでして「出会い」を求める僕の、やむことなき「人なつき」のルーツは、意外にも田舎での試練にあるようです。

自然に囲まれて、自然児として気ままに育った僕にとって、最初の試練のときは、中学時代でした。

小さな山村ですから、幼稚園から小学校までは、同年の子どもが十二人しかいなかったのですが、中学で統合されて六十人ほどに増えたのです。

これまで十二人を率いてガキ大将でいられたのに、中学ではそうはいきません。それぞれのグループリーダーの勢力争いが始まりました。

今までの調子で威張っていた僕が悪いのですが、あるときから、彼らは結託して僕を無視しはじめました。自分の仲間すら、そっぽを向くありさまです。

学校に行っても誰も口をきいてくれません。明日こそは、来週こそはと思っても、状態は一向に変わりませんでした。今でいうイジメ、シカト、古い言葉でいえば村八分でしょうか。

でも、家に帰れば母が毎日必ず、「でやった?」と言ってその日のできごとを聞いてきます。これまでは台所仕事をするうしろにまとわりついて、母にうるさがられるほど、一日のできごとを話していた僕です。

仕方なく僕は毎日、学校から帰る道々、ウソの「楽しかった話」を考えました。

誰ともしゃべっていない一日を終えて、「楽しい学校ストーリー」をつくり出せというのは、むごい話です。

母をだましつづけるのがつらくなって、橋の上を歩きながら、ここから飛び降りてしまうほうが楽だと思ったこともあります。

その寂しさから僕は、やさしくしてくれる不良の先輩に近づくというお定まりの道へ踏み出してしまったのです。彼らの「パシリ」になってタバコを吸い、自転車を盗み、果ては万引きまでしました。

学校にばれて、何回か連続して呼び出しがあったあと、母の怒りが爆発しました。

「文昭、私ら、なんのための親子や。産んで育てたんは私や。おまえが何をしても、全部私の責任や。だからお母さんには、どうしてこんなことをしたか話してちょうだい」

僕は学校で、誰でもいいからしゃべってくれる人が欲しかったのです。だけれど、そう打ち明けたら、クラス全員に無視されていることも話さなくてはなりません。中学生の僕に、それは死んでもできないことに思えました。

のらりくらりとウソを重ねる僕は、ようやく母から解放され、寝床に入りました。それでも、うしろめたさや悲しさがごちゃまぜになって、よく眠れていなかったのでしょう。

ふと気配を感じました。母でした。

母が、寝ている僕の枕もとに、包丁をもって立っていたのです。

「産んだ私の責任や。こんなに人に迷惑かけて、こんなに親を裏切る子どもを産んで育てたのは私の責任だから、私がおまえを殺す。奥で寝ているお父さんも殺して私も死ぬ」

これにはビビッて、僕はとっさに立ち上がりました。体の大きい僕は、とっくに小柄な母を追い越していました。

「なんや。私に向かってくるのんか。おまえには負けん。仕返しできるものなら、してみろ！」

母は包丁を投げ捨てると、全身で僕に体当たりしてきました。何も言えずパジャマ姿で立ちすくんでいる僕に、母は泣きながら何十発もビンタを張りつづけました。

あげくのはてに、真夜中だというのに祖父のお墓まで連れていかれて、先祖のみんなに謝れと言われ、川向こうの神社に、ウソはつかんって誓えと言われました。

街灯もない宮川村の星明かりの下、僕は凍えながら手を合わせました。

とことんやって帰ってきたとき、母は、僕がわけもなく悪さをするはずがないと思ったのでしょうか。初めて、

「ほんとうの心の底に何かあるのと違うか」

と言ってくれたのです。僕の意地も、そこまででした。

「僕は、この十三か月間、誰とも口きいていないんや」

と、全部ぶちまけたのです。

翌朝、起きてみると母はいませんでした。僕より早く、学校へ行っていたのです。先生たちに、息子が悪いのは確かだが、十三か月ものあいだ、クラス全員に無視されていたことを、担任として知らなかったのかと聞きに行ってくれたのです。先生が知らなかったということはなかったと思います。母が訴えに行っても、状況は何も変わりませんでしたから。

僕たちが仲直りできたのは、先輩たちのおかげでした。

野球部の先輩が、バラバラの下級生を見て心配して、そんなことでどうすると、みんなを集めて怒ってくれたのです。

しかし、いちおうのわだかまりはなくなったものの、僕たちのギクシャクした関係は、完全には修復できませんでした。僕が、遠い高校を選んで下宿することに決めたのは、このつらい時期が遠因になっているような気がします。

知った顔がまったくない高校の入学式、僕は、

「どうやってクラスのみんなと接していこうか」

「絶対に嫌われない方法はあるんやろうか」

そう考えていた気がします。僕のコミュニケーション能力のスタートラインは、ここにあるのかもしれません。

ただ、これが、この母がいてくれてよかったと思えた最初だったと思うと、神様は無駄な試練は与えないものだと思います。

つらい経験こそ、自分を磨くチャンスの宝庫です。

その経験がつらいほど、そこに関わった人たちのやさしさ、温かさ、真剣さが身にしみるはずです。

「あの経験があったからこそ、今、人と接することがうまくなった」と僕は感謝さえしています。過去の苦しかったできごとが、今、話のネタとなっているわけですから、ありがたいことです。

「この苦しさは、やがて子どもに語れるネタになる、だから乗り越えようぜ」

と、まじないのように自分に言い聞かせてみてはどうでしょう。

ネタづくり、ネタづくり……。

第2章

期待を「裏切る」サプライズ家族に出会った！

親類縁者、一人もナシのサプライズ結婚式

知らない同士でも心から祝えば喜びが増える

平成十七年が明けたばかりの、ある日のことです。

九州は大分県の片隅で、奇妙な結婚式が始まろうとしていました。

結婚式ですから、当然、新郎新婦はいます。新郎も新婦も、精一杯おめかしをし、ウェディングドレスとタキシードで、庭に出て記念撮影をしています。

ところが、そこはホテルでもウェディングができるレストランでもありません。着々と準備が進む式場、披露宴会場は、一般の人の自宅。おまけに、この二人の親御さんをはじめ、親戚も友だちも、知り合いの出席者が誰ひとりいません。それどころか、肝心の新郎新婦さんが、今ここで結婚式が行われようとしていることを知らないようなのです。

どうしてこんなことになったのでしょうか。

これには深いわけがあります。

僕の講演が縁となっておつきあいが始まり、一年のうち何度も自宅のように泊め

ていただくようになったある女性から、たってのことと、急に相談をもちかけられたのです。

彼女の名は、大分県佐伯市番匠川の近くに住む肥川千代乃さん。ごく普通の二階建てのお宅に、歯科技工士のご主人と男女二人の子ども、自分の妹さんといっしょに暮らす「フツーの主婦」です。

ところが、見かけはごくごく平凡なこの一家が、ただ者ではないのです。

とくに千代乃さんの不思議な吸引力で、肥川家には毎日のように、隣人・友人・知人に突然の来客まで誰かれとなくやってきて座り込み、夜更けまで帰ろうとしません。

その中の一人、近所で美容院をやっている貴久《きく》さん。僕も何度かカットをお願いしたことのある、とても気持ちのいい方です。

その貴久さんが、あるとき、千代乃さんにこう打ち明けました。

――じつは十九歳になる姪《めい》っ子が妊娠してしまった。相手も同い年で、双方の親は大反対しているが、本人たちは籍を入れるという。せめて記念写真だけでもと、自分が衣装や髪の世話はするので、その撮影に、芝生がきれいな肥川家の庭を使わせてもらえないか。

千代乃さんは「お安い御用」とばかりに二つ返事で引き受けました。

ウェディングといえば僕はプロですから、千代乃さんは電話してきて、こう訴えました。

「中村さん、力を貸して。せっかく結婚するっていうのに、記念撮影だけだなんてかわいそう。まだ若いけど一生懸命、力を合わせて、できちゃった命を育てようとしてるのに。なんとかしてやりたいのよ」

念のため言っておきますと、千代乃さんは若いカップルと会ったこともありません。あくまでいつも集まる仲間に頼まれただけです。それでも、頼まれたら全力投球せずにはいられないようなのです。

僕は「しゃあないなあ」とボヤきつつも、内心では「待ってました!」でした。

「何をしでかしたろうかー」

ワクワクの虫が動き出したのです。わがウェディング・レストラン「クロフネ」オリジナルの結婚証明書やBGMなどをカバンに詰め込み、とにかく大分に向かいました。

新郎新婦の装いは、美容師である貴久さんならお手のもの。ごちそうは、千代乃さんの妹、料理の天才・マリちゃんが腕をふるってくれることになりました。

あとは参列者です。なにしろ本人にも内緒のうえ、話がもちあがってから、わずか一週間足らずのことなので、誰も呼びようがありません。もちろん、大反対している両親や親戚を招待するわけにもいきません。

そこで、いつも肥川家に集まるご近所の人々を巻き込むことにしました。

そればかりか、シャンパンを届けに来た酒屋さんを、「ちょっと乾杯するまで、ここにいて。おめでたいことだから」。

商店街の電気屋さんを「あのね、このあいだおたくでテレビ買ったでしょ。ついでといってはなんだけど、ちょっとビデオカメラもってきてくれない？」と呼び出し、そのまま「買うかどうか考えたいから今日ちょっと撮影をお願いできない？ね、ちょっとだから」。

二人とも、何も知らずに到着したとたん、千代乃さんに言いくるめられて式の参列者に早変わりです。あげくのはてには、裏のおばちゃんのところに御用聞きに来ていた呉服屋のセールスマンまで、なぜか参列が決定。

こうして、十数人も集まったでしょうか。祝う側と祝われる側が初対面という、前代未聞の結婚式がひそかに準備されました。

なんにも知らずに庭での撮影を終え、部屋にはいってきた二人。

先ほどから、何があるのか、ずいぶん人の出入りが多い家だと思っていたでしょうが、よもや、自分たちのためにこんなサプライズが待っていようとは……。

司会の僕は、目を丸くする二人にこう言いました。

「本日はおめでとうございます。みんな知らん顔ばっかりやけど、全員、君らを祝おうと集まってくれた人やで。これもご縁だよ。結婚式、やろうじゃないか」

新婦の目にみるみる涙があふれ、あとは、ひたすら涙、涙。

僕は、二人のためにつくったオリジナルの結婚証明書を読み上げ、指輪の交換へ、式を着々と進めます。指輪交換のときに使われるリングピローは、千代乃さんが一晩かけて縫い上げた手製でした。

そのまま披露宴というか、温かい人たちの手づくりパーティがスタート。

「あんたさん、どちらの方で」

「あ、私、裏の平山さんのところに営業に来た呉服屋です」

などと、まずはお互いが自己紹介をするという奇妙な雰囲気で始まりましたが、何度も乾杯し、二人に寄せ書きを贈ったりしているうちに、しだいに打ち解けていきました。

「見も知らない僕らのために、こんなに大勢の人に祝ってもらいました。いずれは僕らの両親の理解を得られるよう、仕事も子育ても頑張ります」

新郎の決意表明に、新婦の手を握って、おいおいもらい泣きするおばちゃんもいました。

こうして、前代未聞の手づくりサプライズ・ウェディングの夜は更けました。

なかでもいちばん感動し、流れる涙を拭《ぬぐ》おうともせずに、「よかった、よかった」と連発していたのが千代乃さんだったことは、いうまでもありません。

こういう町の片隅での、あるいは人知れぬ離島や、逆に大都会の一隅での、ささやかながら「でっかい出会い」「でっかい感動」が、僕の周辺には目白押しです。

講演に惚れ込んで五百三十人集めた「追っかけ」母さん

ケタ外れの「フツーの人・パワー」が人を動かす

講演活動をしていると、思わぬかたちですばらしい人々にめぐり合います。

その典型が、千代乃さん、いや大分県の肥川ファミリーとの出会いです。この一家とめぐり合えたことは、ひときわ輝く、とっておきのご縁でした。

きっかけは、知らないところで人の手から手へ渡っていた僕の講演テープです。ひょんなことから千代乃さんがそのテープを手にし、聞いてくれたのです。ありがたいことに、テープの内容に感動した千代乃さんは、なんと、そのテープをさらに百本くらいダビングして知り合いに配りまくってくれたそうです。

そして、前著『お金でなく、人のご縁ででっかく生きろ!』の出版記念講演会が大阪で行われたとき、片道六時間の道のりを、友人を何人も引き連れて、はるばるやってきてくれました。

それから一か月ほど後、今度は僕が企画した故郷のキャンプに、千代乃さんは、大分から三重県は宮川村くんだりまで、これまた遠い道のりをはるばるやってきました。

ところが、いざ始まってみると、山奥にキャンプに来ているというのに、千代乃さんは虫が嫌い、しかも蚊取り線香の匂いが苦手ときたうえに、ちょうど台風が接近中と、さんざんな悪条件です。

しかし、それにもめげない熱心さで、千代乃さんは僕に言いました。

「中村さん、大分県佐伯市で講演してよ。中村さんが来たら、きっと、佐伯の町が元気になると思うわあ……」

これは行かにゃならんなあ……。

僕は行くことにしましたが、相手はいわばフツーのおばちゃんです。集まってもせいぜい五十人くらいだろうと、たかをくくっていました。

そして講演会当日。空港から千代乃さんの旦那《だんな》さんの運転で会場に向かった僕は、信じられない光景を目にしたのです。

会場のホテル近くには、「中村文昭講演会・臨時駐車場」という看板がでかでかと掲げられ、何人かのおばちゃんがキビキビと交通整理をしています！　会場にはいると、五百人はゆうに超えるであろう人、人、人。主婦層から会社員、学生っぽい若者まで、じつにさまざまな人が集まっていました。

聞けば聴衆は五百三十人。ホテルの宴会場にある椅子《いす》では足りず、いろいろかき集め、自宅から椅子持参の人まで。それでもスペースが足りず、立ち見が出るほどの大盛況でした。

しかも、講演会のチラシには、一通りの案内の下に、ひときわ大きな手書きの字で、「おもしろくなかったら正直に言ってください。お金はお返しします」と書かれています。

こうなっては、僕の「なつきグセ」が黙っているはずがありません。講演が終わった熱気の中で、その日はホテルに泊まらず、肥川家にお世話になることにしました。

すごい出会いと聞くと、相手は大金持ち、立派な経営者、教育者、有名人などと思う人が多いでしょう。

冗談ではありません。町に田舎にゴロゴロいる一見フツーの人こそ、ブッ飛ぶ何かをもっている。だから出会いはおもしろくてたまらないのです。

講演会に来てくれた人々が、あとからあとから肥川家を訪れ、結局、朝の五時まで語り明かし大会です。その場で講演会第二弾の話も飛び出し、以来、佐伯市での講演会は、恒例になっています。

「五百三十人平然と集める主婦……。このおばちゃん、何者なんや？」

僕の佐伯通いは、こうして始まりました。

苦情を大応援歌に変える「母の愛」

とことん打ち込む姿には味方が集まってくる

肥川家へ行くと、まず午前三時より前に寝るということはありえません。というのも、肥川家には朝といわず夜といわずつねに人が集まり、話し相手にはこと欠かないからです。

七時ごろに来たり、九時ごろに来たり、飲んだ勢いで十二時ごろにひょっこり現れたり……。訪れる時間帯はてんでバラバラですが、終始そんなぐあいで、肥川家の夜はいつもにぎやかに過ぎます。

しかも、家事で忙しいであろう近所の主婦たちまで、なぜか家の用事をすませたあとは肥川家で、というのがお決まりのコースになっているようなのです。

こうして肥川家で夜を過ごす人々は、いかにもリラックスした様子で食事をしたり、酒を飲んだりして過ごします。食事にとどまらず、お風呂を借りる人までいます。

あるとき、ふと気になって、千代乃さんにたずねてみました。

「あのなあ、月々払っているガス代、なんぼ?」

僕も飲食店を経営していますから、たずねてみたのですが、なんと月六万円にものぼるとのこと。一般家庭ではありえない話です。

しかし、千代乃さんも旦那さんも、まったくそれを気にする様子はありません。わが家に人が集まってくるのを、心底楽しんでいるように見えます。

現に、肥川家の居間には大きな応接セットが二つ組み合わされた形で並んでおり、つねに十五人くらい集まっても大丈夫なようになっています。来る人すべてを温かく包み込む。これが、肥川家の魅力の一つなのでしょう。

こんな肥川家にいると、僕は、いつも懐かしい気持ちがします。というのも、この家の雰囲気は、まさに僕の実家とそっくりなのです。とくに世話好きな千代乃さんを見ていると、わが母を見ているような気になってしまいます。

こうして、地方を飛び回る僕は、大分に「第二のわが家」を得ました。

この肥川家には、憲一郎君と啓子ちゃんという、二人のお子さんがいます。自然に人が集まってくるような家に育ったのですから、明るく人なつっこい、気持ちのよい子たちであるのは、想像にかたくないことでしょう。

しかしそれだけではありません。僕が肥川家と仲よくなるにつれて見えてきたのは、いつもひたむきで、やるとなったらとことんやる気骨のある、二人の若者の姿でした。

今は歯科材料の研究開発に携わるかたわら、歯科医療従事者向けに情報発信もしているケン君は、かつて甲子園を夢見る野球少年でした。厳しい受験勉強を経て、甲子園出場経験のある佐伯鶴城高校にはいり、〝野球一筋〟を公言して打ち込んでいたそうです。

小柄な体型を克服するために、一日にゆで卵の白身を十五個分食べ、野球に詳しい親戚のおじさんがいればコーチを請います。雨が降ろうが台風が来ようが自主練を欠かさず、素振りで手はマメだらけになっていたそうです。

そんなケン君を、千代乃さんは温かく見守っていました。練習のため朝は早く、夜は遅い。昼間の授業は必然的に寝る時間になっていることも承知のうえです。

「そこまで打ち込むなら、同時に二つのことは求めん」

これが、千代乃さんの方針でした。

しかし、応援する人ばかりではありませんでした。打撃練習で響き渡る「カキーン」という音に、近所からたびたび苦情が寄せられるようになってしまったのです。

その都度、千代乃さんは菓子折りを持って謝りに出かけました。しかし、やはりそこは千代乃さん、ただ菓子折りを届けて謝罪するだけではありません。

「うちの息子の練習、うるさくてほんとうに申し訳ないことです。でもねえ、親としては息子があそこまで打ち込んでいるものを、やめさせることなんてできない。あの一生懸命は、本気です。なるべく迷惑がかからないようにしますから、どうかすこし長い目で見てやってもらえないでしょうか」

こんな親子の姿を見て、胸を打たれない人はいないでしょう。

それまで「うるさい」と顔をしかめていたご近所さんが、いつのまにかすっかりケン君のファンになり、「これは良質なたんぱく質だから、食べなさい」と、肉を差し入れてくれるなど、苦情がしだいに応援に変わっていったといいます。

肥川親子を見て、僕が「ほう！」と感動したことは、「一生懸命のパワー」です。**人を動かそうとするのではなく、まず自分自身が一生懸命になることでまわりを変える底力がつくのです。**

ケン君の練習を禁じることなど、千代乃さんの頭にはありませんでした。息子が打ち込むものは、満足いくまでやらせてやりたいというのが、千代乃さんの親心だったのです。

頑張ったことが人生のホームラン
プレイボール前なのに、スタンドは歓声と泣き声の嵐

「こらー！　触るなぁぁぁーー!!」

ケン君が新入部員としての一年間を終え、二年生になったころから、佐伯鶴城高校野球部の練習では、こんな叫び声が響き渡るのがつねとなりました。

野球部の練習といえば、ノック練習です。守備能力を高めるための練習ですから、

当然、捕るのが難しいところにボールが打たれ、外野には球拾いの一年生たちが控えています。

しかし、ケン君は「自分が捕れなかった球は最後まで面倒を見る」という考え方でした。そこで、冒頭の叫び声です。

逃がした球を追いかけて全速力で外野まで走り、球を拾うと、また全速力でセカンドのポジションへ走り、「もう一回、お願いします!」と叫びます。

そんなケン君に、周囲もしだいに一目置くようになりました。体は小さいけれど、ガッツもあるし、確実に技術もついてきている。きっと、いずれレギュラーになるだろうと、野球部員も苦情を言っていた近所のおやじさんも、誰もが思っていたのです。

しかし、高い技術をもつ部員はほかにもいます。その中でケン君は、ガッツと技術を認められながらも、つねにベンチで控えに甘んじていました。

そして、ついにケン君、高校三年生の年。最後の甲子園出場をかけた地区予選が始まろうとしていました。第一回戦の前日、監督からユニフォームが配られ、スターティングメンバーが発表されます。ケン君は、自分にセカンドの「四番」のユニフォームが手渡されるのを心待ちにしていました。周囲も、そうなって当然という雰囲気です。

ところが、ケン君に渡されたユニフォームの背番号は「十四番」——補欠番号でした。

その日、ケン君はがっくりと肩を落として帰宅すると部屋にこもり、泣きに泣きました。あれだけ熱心だった自主練習もせず、夕食のかけ声にも応じません。

しかし、補欠とはいえ、何かのチャンスに代打の役目が回ってくる可能性はあります。最後の甲子園出場をかけた試合に向かうケン君を応援しようと、翌日、肥川家はそろって球場に出かけました。もちろん近所のみなさんもいっしょの大応援団でした。

一同は、選手がいちばんよく見える一塁側に陣取り、試合開始を待ちます。やがて両チームのスターティングメンバーが発表されはじめました。まずは、佐伯鶴城高校です。

「一番、ショート○○君、二番、レフト××君、三番、セカンド肥川君……」

聞くともなしに聞いていた肥川家の面々は耳を疑いました。ボードを見ると、たしかに「3　肥川」とあります。ケン君の努力を認めた、監督のはからいでした。

そのとたん、一塁側のスタンドは歓声と泣き声に包まれました。「やったー！　よかった……」。本来ならば試合後に聞かれるようなセリフが飛び交います。

こうしてケン君は、晴れてレギュラーとして地区予選に出場することができたのです。

結果は残念ながら一回戦敗退でしたが、この経験がケン君の宝物となり、彼の人生の糧となったことは、いうまでもありません。頑張ったことが宝物、ホームランなのです。

「僕は四番じゃなく十四番だったから頑張れたのかもしれない。もしレギュラーだったら、あそこまで必死にならなかったような気もするんです。そう思うと、よかったのかなあ」

お父さんに似て控えめなケン君が、いつになく熱く語るので、僕は本人より熱くなって、

「そうや、そうや！　補欠だったからこそ、ピカピカに頑張れたんや！」

と、叫びました。

僕は以前から高校野球が好きで、時間があれば甲子園に足を運びます。地元や母校の試合でなくてもかまいません。

一つのことに燃えている、若いパワーを一身に浴びるために行くのです。

ケン君の話を聞いてからというもの、甲子園に行っても、テレビ中継でも、僕は高校野球を見るたび、試合よりベンチの選手の顔が気になって、たまらないのです。

「でっかい人間」は年齢・性別・職業不問

「女」を捨てて悲願達成する乙女のド根性

文字どおり「野球一色」の高校生活を終えたケン君は、その後、お父さんと同じ歯科技工士を目指し、専門学校に通いはじめます。

そこでも野球で培ったスポ根が大いに役立ちました。どんなことにも全力投球のケン君に、一人の先生が何かと目をかけてくれるようになったのです。現在、ケン君が勤めている会社に取り立ててくれたのも、その先生でした。

ケン君は、歯科技術の最先端をいく業界の狭き門を開いていったのです。

ケン君の姿を見つづける中で、自分はどんな道を歩むべきかと考えあぐねていたのが、ケン君の妹にして肥川家の長女、ケイちゃんです。

父も兄も歯科技工士、母は元歯科衛生士ときて、ケイちゃんが選んだ道は、やはり歯科医療に携わること、それもドクター、つまり歯科医師になることでした。

それからケイちゃんは猛勉強を始めました。「わが家に浪人はいらない」と言われながらの、必死の受験勉強です。

しかし、その努力をもってしても、医大合格の高いハードルを越えることはできませんでした。歯科大学も歯学部のある大学も、次々と発表される結果は軒並み不合格。最後の望みをかけていた遠い地方の大学も不合格とわかり、ケイちゃんの夢は絶たれます。

千代乃さんも、「前から言っていたように、浪人は認めない。お父さんの仕事を手伝いなさい」と、いつになく厳しい口調で言いました。

北の街から大分に戻る道中、じつに十一時間にも及ぶ長いあいだ、ケイちゃんはずっと黙りこくっていたそうです。そして家に到着し、千代乃さんが玄関のドアを開けようとしたそのとき、ケイちゃんはやおら地べたに座り込み、頭を下げました。

「お願いです。もう一年だけ、勉強させてください」

千代乃さんは、ケイちゃんがどれだけ本気なのか測りたかったといいますから、土壇場で土下座までした娘への答えは、もう決まっていたのかもしれません。

「やるんやったら、本気でやり」が、千代乃さんの返事でした。

こうして、再度チャレンジするチャンスを得たケイちゃんは、「一年間、『女』を捨てる」覚悟を決めます。テレビは納屋にしまい、おしゃれも化粧もせず、買い物にも美容院にも行かず、ただひたすら勉強に没頭する毎日です。

うら若き乙女であるケイちゃんにとって、「本気」になるとは、こういうことでした。

かくして一年後、本気が大きな実を結び、東京の歴史あるN歯科大学にみごと合格したのです。

僕が肥川家と出会ったのは、そのケイちゃんが歯科大学の六年生、いよいよ卒業の年を迎えるというときでした。

肥川家と急速に親交を深め、この一家に心酔しきっていた僕は、兄と偽ってでも、ぜひ卒業式に出席したいと名乗りを上げました。そして、僕が東京でいちばん気に入っている店に肥川親子四人を招待し、卒業式前夜に大宴会を催したのです。

結局、朝の三時まで飲んでしまったので、ケイちゃんは、五時には美容院に行かなければならないというのに、息はまだ酒くさいわ、二日酔いで顔は腫れているわ、頭はガンガンするわで、とてもこれから晴れ舞台に出ようという状態ではありません。

それでも睡眠もそこそこに、なんとか着付けやら髪結いやらをすませ、会場に向かいました。

僕たちも席に落ち着き、おごそかに卒業式が開会されました。

しばらくすると、隣からお父さんのすすり泣きが聞こえはじめました。手塩にかけて育て、浪人まで認めた娘の卒業式ですから、無理もありません。千代乃さんも、さぞかし感動しているだろう……と、千代乃さんに目をやると、あろうことか、口をポッカリ開けてクークーと寝息もたてんばかりに眠りこけているではありませんか。

驚いた僕がつついて起こすと「あぁ……」とねぼけまなこを僕に向け、「いいの、卒業式は夕べすんだから」と、ささやきます。

「夕べの宴会が、肥川家の卒業式だった。これは形式的なものだから、いいの」

昨晩の宴会をセッティングした身に、これほどうれしい言葉はありません。僕のほうがジーンとさせられてしまいました。

それにしても、父兄席には上等そうな着物に身を包んだ紳士、淑女が並び、卒業生がいいところのお嬢さんやお坊っちゃんであろうことを、つくづく感じさせるような雰囲気です。その中で不敵にも眠り込む千代乃さんを見て、僕は、ケイちゃんは、きっと同級生たちとは一味も二味も違った歯科医になるに違いないと確信しました。

男気のある男に惚《ほ》れる僕ですが、かわいらしくもりりしいケイちゃんを見て、つくづく思いました。

「男前の女のどえらい根性は、たいしたもんや。いや、でっかい人間は、年齢・性別問わずなんや」

その後、ケイちゃんは無事、国家試験にも通り、今は東京の歯科医院でインターンとして働いています。国家試験の発表のときには、駆けつけてまで付き添った僕のほうが、よほど緊張していたと言いきれるくらい、ケイちゃんは堂々としたものでした。

「たとえ火の中、水の中」と「火の側、水の側」とは大違い

ひたむきに頑張る肥川家の「普通」は、小児麻痺のマリちゃんが原点

ひたむきで素直、こうと決めたことは一生懸命に頑張る——。

いうなれば、これが肥川家の「普通」です。この「普通」の中でケン君もケイちゃんも育ってきたからこそ、二人とも、ほんとうに気持ちのいい人間に成長したのでしょう。

でも、そんな肥川家の中でも、いちばん頑張り屋なのは、千代乃さんの妹、つまり、ケン君やケイちゃんには叔母にあたる「マリちゃん」かもしれません。

この人こそ、ひたむきに頑張る肥川家の原点といってもいいのではないかと思います。

マリちゃんは、生まれつきの小児麻痺《まひ》で体が思うように動かず、言葉も不自由です。

そのマリちゃんが、なんと肥川家とご近所の仲間たちの食事を一手に引き受けていると知ったときは、ほんとうに驚きました。和食でも洋食でもお菓子でも、なんでもござれ。ピザは生地からつくり、蕎麦《そば》打ちだってお手のものです。

もちろん、機敏な動きはできないので、何も知らない人から見れば、調味料一つ振るにも不器用で心もとありません。正直、僕も最初は「大丈夫なんかな」と思ったものです。

しかし不思議なことに、マリちゃんが丹精込めてつくりあげる料理のどれもが、まがりなりにも飲食店を営む僕からしても、とても、おいしいのです。

「マリちゃんが、人の何倍もの時間をかけながら、ていねいに一つのものをつくっている姿を見て、私たちは大きくなった」

と、ケン君とケイちゃんは口をそろえます。

この二人の言葉に、僕は肥川家の「普通」の原点を見たように感じました。

ケン君が野球にかけた熱意も、ケイちゃんが受験でした「女」を捨てる覚悟も、元をたどれば、すべてマリちゃんのひたむきに頑張る姿に行き着くのではないかと思ったのです。

体の不自由な人に、どうしてわざわざ料理などさせるのかと思う人もいるでしょう。でも、すくなくともマリちゃんに関しては、僕はそう思いません。**何よりも、そうしている本人がとても楽しそうだからです。人は誰しも、一つには「自分が役立っている」という実感、いうなれば「生きがい」があってこそ輝けるものだからです。**

マリちゃんにとっては、料理がそんな実感をもたらしてくれるものだった——それだけのことではないでしょうか。

子どものころからマリちゃんは、特別扱いをせずに育てられてきました。養護学級をすすめられても、「家族が毎日送り迎えをして、絶対に学校にご迷惑はかけませんから、特別扱いしないでください」とお願いし、普通のクラスで過ごしました。小学校の卒業式では、マリちゃんだけでなく、送り迎えを一日も欠かさず六年間続けた、マリちゃんのおばあちゃんも、卒業証書をいただいたそうです。

肥川家に集まってくる人の中には、マリちゃんの同級生もいます。四十代になってもつきあいが続いているのは、一生懸命なマリちゃんの存在が輝いていたからでしょう。

マリちゃんは、言葉は不自由ですが、僕がいつもの調子でおかしなことを話すと、涙を流して笑います。表情が豊かで、その意味ではとても「多弁」な人なのです。

そのマリちゃんが、僕が帰る時分になると、決まって、フッと犬の散歩に出てしまいます。表情で会話をするマリちゃんは、顔に感情が出てしまうのをうまく抑えられないので、寂しくて泣いてしまうのを見られたくないからだそうです。

そんなことを聞かされたら……！

今も、僕は次にいつ寄れるかと、スケジュール表に並ぶ講演地とにらめっこです。

よく、「○○のためなら、たとえ火の中、水の中」などと言うが、その多くが、じつは「火の側、水の側」で終わっている——。

これはわが師、田端さんの言葉の一つです。

「やる気」のある人なら、この世にゴマンといます。

しかし、その中に「本気」の人、「たとえ火の中、水の中」へでも進んでいける強さのある人が、いったい、どれだけいるのでしょう。

ほとんどが、火の中ではなく火の側、水の中ではなく水の側、つまり、ことの肝心な部分にほとんど関わらない程度で満足し、安全なところに引き返してしまっているのではないでしょうか。

事実、賢人塾という青少年育成のための私塾を始めようとしている田端さんに共感し、「ぜひ、手伝わせてほしい」と熱っぽく語る人は多いそうです。しかし、ほんとうに来る人など、めったにいないのです。

いざとなると、「給料はどうなるんだろう」「将来の役に立つだろうか」などと考えてしまうのでしょう。所詮《しょせん》、その場の情にほだされて出た言葉にすぎないことが多いのです。

だからこそ、「本気」の人こそ、なにがしかを成し遂げうる人だというのが、田端さんの真意なのだろうと思います。「やる気」と「本気」には、これほどの違いがあるということです。

あるとき、同じ九州ということもあり、肥川一家を連れて熊本の田端さんのところに行ったことがあります。その帰りの車中で、マリちゃんが言いました。といっても言葉は不自由なので、携帯メールで次のような文面を打ち、僕に見せてくれたのです。

「中村さん、私は死に場所を見つけた。ケンもケイコも独り立ちした今、私にはお姉ちゃん（千代乃さん）の家より、もっとふさわしい居場所があるのではないかと思う。

ケンやケイコが、物言わぬうちから私の背中を見て立派に育ったのと同じようなことが、賢人塾の子どもたちに対してもできるとしたら、それが、もしかしたら、最後に残された私の使命なのかもしれない」

僕は、隣に座っているマリちゃんのこのメールを読んだとき、衝撃的な感動で、最初、マリちゃんの顔がまともに見られませんでした。そして次には、

「すごい！　すごい！　マリちゃん、ほんとうにすごいよ！」

と思わずマリちゃんを抱きしめていました。

田端さんの言葉でいえば、マリちゃんこそ、「たとえ火の中、水の中」を実行する、正真正銘、本気の人だと思います。「死に場所」と言いきり、障害があるからこそ自分に役立てることがあると知っているマリちゃんの思いにこそ、「たとえ火の中、水の中」の強さがあるように思うのです。

第3章

度肝を抜く教育が「ケタ外れの人」をつくる

Ｒｙｏ−ｍａ倶楽部に新キャラ登場！

日常の中の気づきを求めたら、とんでもない男に出会った

「ここにも、こんなとんでもないヤツがおった！」

思わずそう叫び、僕はその人に前に出てもらいました。

「今日はもう、みんなの話も僕の話もやめや。この人の話を聞こう」

Ｒｙｏ−ｍａ倶楽部でのできごとです。

そうそう、Ｒｙｏ−ｍａ倶楽部とは、僕のもっとも尊敬する坂本竜馬の名をとった有志の集まりです。年齢・性別関係なし、気楽な集まりですが、志はでっかい会です。

他人の痛みを自分のこととして感じられること。相手の立場・肩書きに左右されず、感謝の気持ちを絶やさず、笑顔でやさしく接することができること。それを目標に、子どもたちに憧《あこが》れられるような、素敵な大人になることを目指しています。

変化の時代などといわれますが、まず、僕らがやるべきことは、日常の中の「小さな気づき」の積み重ねだと思うのです。

「人生を語るのに場所なんてどこでもええ、橋の下で、焚《た》き火囲んで缶コーヒー飲んだって夢は語り合える」

という方針なので、会場はたいてい安く借りられる、青年の家や市民会館、あるいは居酒屋。大阪で自然発生したのが、すでに全国に七つを数えるようになりました。

あるとき大阪での会で、「普通」をテーマに話をしようということになりました。今、当たり前と思っていることを見直し、自分たちのルーツを見極めようというわけです。

数人ずつ固まって話していたのですが、一つのグループでやけに声が上がります。

「そんなんがありうるのか!?」

「あんた、それいつの時代の話なんや。戦前の生まれとちゃうか」

一人を中心にあまりにもそのグループが盛り上がっているので、僕もそこにはいって聞いていると、とんでもない男がいました。一見、人当たりのいいビジネスマン。環境と省エネで未来をつくろうという会社を経営する宮田拓哉さんです。

お互いの「普通」をさぐるには、自然と子どものころの話になるものですが、彼が語っている少年時代の「普通」が、あまりにもブッ飛んでいるのです。

僕は全員に話をやめてもらい、宮田さんの話を聞こうと提案しました。

「そんなに僕の話が変だとは思わないんですけどね。まさに、普通です」

宮田さんはそう言いながら話を始めました。

え？ 食事は母親がつくるもの？

どんなにたいへんでも「普通」なら不平不満は出ない

子どものころ、宮田少年が友だちの家に行っていちばん驚いたことは、夕方になり、ご飯を食べていきなさいと言われたとき。その家のお母さんが台所に立ち、支度をしています。

「おばさん、僕がつくりましょうか？ お手伝いします」

そう言いながら台所にはいってきた息子の友だちに、お母さんがびっくりしています。いいから座っていなさいとごちそうになると、宮田少年はまた驚きます。そのハンバーグが格別においしかったのです。

「こんなにおいしいもの、僕、生まれて初めて食べた！」

夢中で食べ終えると、後片づけも母親が一人でし、それをよそに友だちはのんびりとテレビを見ています。

「なんでおまえ、お母さんにご飯なんかつくらせるんだよ！　そのうえ片づけまでさせるなんて、悪いじゃないか」

いきり立つ宮田少年を見て、お母さんも息子も、ぽかんとしました。

宮田家の「普通」は、お母さんが外で働き、家事のいっさいは五人兄弟で分担してやるということ。

まだ小学生の長男を筆頭に男の子ばかりで、掃除、洗濯、料理、買い物、小さい弟の面倒まで、すべてやります。掃除の仕方も食事のつくり方も、兄から弟に順番に教えられ、毎日の生活の中で、意識することもなく家事のイロハを覚えていったのです。

小学生のやることですから、ご飯を炊いてソーセージとたくあんがおかず、がせいぜいのこと。やがて知恵をつけてからは学校の給食の残りをかき集めてもち帰り、晩のおかずにしていました。ですから、手づくりのハンバーグやカレーなど、食べたことがなかったのです。大昔の話のようですが、宮田さんはまだ三十代です。

電話交換手のパートというお母さんの仕事は、泊まりも夜勤もありましたから、すべての家事は子どもたちで分担するのが当然。

そういう状態しか知らないし、それが普通だと思っていましたから、とくに不平不満もありません。それが「普通」のすごさです。

宮田さんはそんな状態で育ったので、友だちの家に行ったとき、違う世界に迷い込んだようなショックを受けたのです。

家の様子も、くらべてみると、よその家とはずいぶん違いました。宮田家の収入源はお母さんのパートだけですから、住む家こそあるものの、衣類はすべて人からのもらいもの。それは想像を絶する超貧乏生活でした。おやつやおもちゃを買う余裕もなく、いつもお金に困っていました。

これだけなら、母子家庭はたいへんだなあ、となるでしょう。しかし、キーパーソンはお父さんでした。宮田さんにはお父さんがおり、志の高い人でした。しかし、その志が、なんとも変わったものだったのです。

しっかりと働き、家庭をもち、五人の息子をもうけて家を購入したあと、お父さんは突然、会社を辞めました。理由は、勉強がしたいから。

「生活のために働くだけの人生を送るのは嫌だ」

その意思の強さに、宮田さんのお母さんは従い、パートで生活を支える決意をしたそうです。その甲斐《かい》あって、お父さんは一級建築士・不動産鑑定士の資格を取得し、独立開業をはたします。

ところが、それで生活が楽になるかと思えば、まるで逆でした。

世のため人のため、ほんとうに喜んでもらえる仕事をしたいと言っては、お父さんはほとんど無報酬で仕事をしていたのです。経費などはもち出しですから、ますます苦しい生活を圧迫します。たまの収入も、いっさい家庭に入れることをしようとしない人でした。

宮田家のルールは子どもは家事をやること。学校の宿題なんかやっていようものなら、

「勉強は学校でやれ。家は勉強するところではない。勉強する暇があるんだったら働け」

と言って父親が叱《しか》るのです。

誰にも経験のあることだと思いますが、人は「やれ」と強制されるとやる気が失せますが、「やるな」と禁止されればやりたくなるものです。

だから、宮田さんは、よけいに勉強することに執着したのです。

しかし、家庭内での学習はいっさい御法度とされ、さらに、兄弟同士の監視の目も光っていましたから、どんなに隠れてうまくやっているつもりでも、それはすぐに父親にばれて叱られました。

そのころから、宮田さんは頻繁に友だちの家に行くようになりました。

理由は二つありました。一つは、おいしいご飯を食べたかったから。そしてもう一つは、友だちの家に行けば、周囲の目を気にすることなく勉強ができるからです。

「三角形の内角の和はほんとうに百八十度になるのかな?」「虫眼鏡で光を集めるとほんとうに火が出るのかな?」。そういった湧き出る好奇心を満たすためには、早起きして学校の図書館で本を読んだり、友だちの家で勉強をしたりするしかなかったのです。

宮田少年は次男だったこともあり、リーダー格の兄と小さな弟たちのあいだで、言われるままに家の仕事を全部こなしていたら、勉強をする時間なんかありません。

ですから、知恵を働かせてその時間を捻出《ねんしゅつ》しようとしました。

当時、薪《まき》ストーブを使っていた宮田家の庭には、薪用にもらってきた木製の電柱がごろごろと転がっていました。もちろん、のこぎりやナタ、斧《おの》を使っての薪割りは子どもたちの仕事です。そこで宮田少年は、弟や友だち、近所の子どもたちを集めました。

「みんな、今日は兄ちゃんが遊んでやるぞ。薪割り競争だ！」

だんだん子どもの遊び場がすくなくなってきた時代です。宮田さんの友だちも腕白な遊びに飢えていましたから、けっこう喜んで薪割り競争に参加してくれます。

なかにうまい子がいると、

「おまえ、うまいなあー。プロの大工になれるよ。やり方見せてくれ」

とおだてたりして、さらに薪割りをしてもらいました。

空き瓶を拾って酒屋にもっていって小銭を稼ぐ。これもゲームにして近所の子どもにやらせました。総元締めは宮田さん。思わず、まいどあり、の声が出そうです。

宮田少年は、そうやって巧みに家の仕事は人にやらせ、自分は友だちの家に行って、おいしいものを食べ、勉強もし、という一石二鳥の生活を送っていたのでした。

人生を学ぶ最高の仕事は「乞食」

息子を中学卒業と同時に「家出」させた父！

人の倍、いや、二倍三倍の知恵と生活力がつき、宮田さんは中学三年生になりました。中学までは義務教育ですから、これまでの暮らしで賄えましたが、卒業となると話は変わってきます。

一九八〇年代、受験戦争の時代です。就職する生徒などクラスにいませんし、宮田さんも当然、高校に行きたいと考えていました。かといって父親がそんなお金を出してくれるとは思えません。

現に、宮田さんのお兄さんも許されませんでした。

宮田さんは緊張しつつ、お父さんとの「面談」にのぞみました。普通の中学生なら、偏差値をもとに先生や親を交えた三者面談をし、どの高校にはいるか相談するところですが、宮田家の「普通」は、まず親子の話し合いでした。

「おまえは何をしに高校に行くんだ？」

お父さんは聞きました。

「何って……、べつに。みんな行くのが普通でしょう。僕のクラスでも、進学しない生徒は一人もいません」

「みんなのことはいい。おまえは、なんのために進学したいんだ」

「高校くらいは行っておかないと、将来のために……」

この父親は、中学生に歯が立つような相手ではありませんでした。

「遠い遠い将来のことなんて、十五歳で考えてどうする。いちばん身近な将来は明日だし、一年後、二年後だ。これからの三年間を過ごす高校に、なんのために行くのか説明できないようなら無駄に過ごすだけだ。そんな者は行く必要なし！」

その後、宮田さんなりに、進学の理由を考えて父親を説得しましたが、父親の納得は得られず、結局、高校進学を断念せざるをえませんでした。

友だちが、受験だ、予備校だと騒いでいる中、一人取り残された気持ちでいる宮田さんの孤独は深まっていきました。

担任の先生も、お母さんを通じて進学させようとしてくれましたが、無理でした。どっぷり落ち込み、それでも家事をしないと許されません。

明日のお米を研いでいると、めずらしくお父さんが台所に顔を出し、書斎に来いと、宮田さんを呼びました。

「おまえ、高校に行かないことは決定だが、中学を卒業したらどうするつもりだ。おれは卒業した人間を家においてやるつもりはないぞ」

「お父さん……」

「ちゃんと学校も出るんだから、家を出ていかなくっちゃな」

このときばかりは涙が出そうになりました。しかし、兄もそうやって家を出され、今では住み込みで調理人の修業をしているのです。

すると、急にやさしい声になり、お父さんが言いました。

「そんな顔をするな。おまえの将来について、おれなりに考えていることがある。あのなあ、おまえ、乞食になれ」

子どもに「乞食になれ」などと言う親が、日本中どこにいるでしょう。あぜんとして、声が出ないばかりか、涙すら引っ込んでしまった宮田さんに、お父さんは熱く語りました。

「乞食はいいぞ。凍え死にしそうなとき、飢え死にしそうなくらいおなかがすいているとき、人に助けてもらえば、『ありがとうございます』と、心の底から人様に感謝できる人間になる。この体験があって初めて、人のために尽くせる人間になれる。最高の人生修行だ。だいたい、こんなにモノが余っている世の中だ。乞食が食べるものくらい、あふれるくらいある。やってみたら、やみつきになるぞ」

「何をするにも〝志〟が必要、それがないなら乞食になれ」という徹底した教育です。

もちろん、それが理解できたわけではありませんが、不思議なことに、だんだんその気になってきてしまった宮田さんでした。

ちなみに、宮田さんの弟は「教師になりたい、そのためには高校、大学と行って……」というストーリーを練りに練って進学を許されたそうですが、働きながら自分で学費を出して定時制に通い、毎月五万円の生活費を家に入れていたといいます。

中学を卒業したあとは、自分の食いぶちは自分で稼ぐのが宮田家流でした。

こうして、宮田さんは卒業式を終えたあと、その日のうちに父親から二つのものを手渡されました。自宅から北海道までの片道切符と手紙です。

わずかな着替えだけをもって、宮田さんは一路、「乞食修行」のため、北に進路をとったのでした。

行き先を決めたのは、宮田さん自身だといいます。とくに理由はありません。ただ、当時、青函連絡船で海峡を越えて渡る北の大地に異国にも似た雰囲気を感じ、そこで新しい生活を始めてみようと考えたのです。

青函連絡船で、お父さんからの手紙を開きました。どきどきして読みはじめると、励ましの手紙ではありません。それは、宮田さんあての手紙ではなかったのです。

「右の者、家出少年ではございません。親公認のもと乞食をさせております。疑わしきは……」

とあり、実家の連絡先が書かれていました。いわば、警察官に補導されたときに身元証明をするための「書類」だったのです。

息子を送り出すとき、お父さんはこう言ったそうです。

「いつも自由。右に行こうと左に行こうと、そこで寝ようと起きようと、誰にも何も言われない。そこから得たものは全部おまえの手柄だ」

人のやっていないことに価値がある。ただなんとなく世間に流されて生きてゆくのではなく、すべての経験を血と肉にしていくようなすばらしい人生を送れ、ということなのです。

ここまで話を聞き、なんの疑いもなく高校に行った僕は、飾り気なく話す宮田さんの経験とネタの多さをうらやましく感じるとともに、悔しくも思ったものです。

生きるためにお金はいらない

衣食住がそろっているのに、文句を言うのはただの欲

宮田家では、父親がいっさい家に生活費を入れなかったことは前述しました。しかし、宮田さんがその事実を知ったのは、中学生になってからのことです。母親の窮状を見るに見かねて、兄弟五人で、「家にお金を入れろ！」と父親に抗議をしたことがありました。

お父さんはそれなりの事務所を構え、忙しく仕事をしていました。多くの資格をもっていましたから、その気になれば、多くの収入を得ることができたのです。しかし、それをけっしてやろうとしませんでした。

世のため人のために一生懸命に働く父、家族を食べさせるために身を粉にして働く母。その父も家に帰れば、母が稼いだお金で子どもたちが用意をしたものを食べ

る。それなのに、一銭も家にお金を入れない……。

これが矛盾しているように思えて、どうにも納得できなかったのです。しかし結果は、みごとな返り討ちに遭いました。父親はこう説教を始めたのです。

「うちには家がある。着るものもある、ボロだろうがなんだろうが、ある。食べ物だって、おまえらが自分で用意してるじゃないか？　あと、何がいるんだ？　まさか、新しい自転車が欲しいとか、ゲームが欲しいとか思ってるんじゃないのか？　それはおまえたちの欲じゃないのか？　おまえたち、そんな欲張りな人間になったのか！」

一瞬、とまどう子どもたちを尻目に、父親はこう続けます。

「考えてみなさい。世の中には、一日三食ご飯が食べられない人がどれだけいるか知っているだろう？　この情報化社会で、新聞もある、テレビもある。おまえたちは、それ以上のものを欲しいというのか」

この「おまえたちの欲じゃないのか」という言葉に、彼らはたいへんなショックを受けました。まったく世俗的な欲のない親に育てられた子どもたちは、「欲」という言葉に非常に敏感で、「欲＝恥ずべきこと」という観念がいつもこびりついていたのです。

「蛙《かえる》の子は蛙」とでもいいましょうか、結局、「欲」という言葉をもち出されたことで、宮田家の五人兄弟は、全員、自分たちが何か悪いことを言っているような気がして、何も反論できなくなったのでした。

そうはいっても、世間の慣習のようなものと無縁でいられるわけではありません。彼らが成長するにしたがって、周囲に目が向くようになれば、自《おの》ずとわかるようになっていくものです。

「お正月にお年玉？　何、それ？」

「クリスマスや誕生日にプレゼント？　何、それ？」

宮田家では親は教えてくれませんから、兄弟同士で情報を交換していました。

たとえば、友だちの誕生会に手ぶらで行って恥ずかしい思いをした経験から、弟に「誕生会にはプレゼントをもっていくものだ」と教えてあげるようなこともありました。

もっとも、教えてもらったところで、プレゼントを買うお金があるはずもないので、それはそれ、絵を描いたり、手づくりのものを贈ったりしました。

小学生といえども、いろいろお金がかかることはあるものです。子ども同士のつきあいしかり、学校で使うノートや鉛筆などの学用品しかりです。

そこで、兄弟はみんな、ある年齢になるとアルバイトをしてお金を稼ぎました。

そしてその中から、まだ働くことのできない弟にお小遣いを渡しもしました。

新聞配達をしたり、原っぱで磁石を引っ張って鉄くずを集め、それを鉄くず屋にもっていって買ってもらったりしたのです。

あるとき、鉄くず屋で、山積みになっているこわれた自転車に目をつけました。

それを数台タダでもらって帰って分解し、それぞれの使えるパーツを組み立てて一台の自転車をつくりあげました。

するとそれが、二千円、三千円という値段で売れるのです。ちゃんと乗れる自転車にしては安いというので、近所から注文が来るようになりました。

もうちょっとした商売です。貧乏であればこその「生きるための知恵」が、確実に身についていったということでしょう。

仲のよい兄弟ですが、戦いもあります。人呼んで、「兄弟間ご飯水加減攻防戦」。

兄弟が五人もいれば、軟らかいご飯を好む子もいれば、硬いご飯を好む子もいます。ご飯を炊くときの好みの水加減があるわけです。

軟らかいご飯の好きな長男が炊事当番のときは、水が多目です。硬めのご飯が好きな次男は、夜中にそっと水を減らしに行くのです。もちろん逆もありますから、朝、炊き上がったご飯を見て、しめしめとほくそ笑むこともあれば、やられたと思うこともあります。

こうして、どんな小さなことでも、兄弟間で互いに影響を受け合いながら、したたかな知恵を身につけていったのでした。

極寒の北海道で乞食ライフ開始!

感謝の気持ちを地の底で学ぶということ

さて、北海道に渡った宮田さん、さっそく乞食を始めました。といっても恥ずかしくて、最初から「お金をください」とは言えません。第一、まだ十五歳なのですから、乞食に見えません。

基本的に乞食ライフは、町で見かけるホームレスと同じです。路上で寝て、起きて、ゴミ箱をあさって食べ物を手に入れる……。

三月中旬に北海道に渡った宮田さんは、まず、その寒さにやられました。野宿をしていては凍え死んでしまいますから、夜間は町中を歩き回り、昼間、商店街のシャッターが開いている時間に、暖かい商店街の片隅で寝るという生活が続きました。

乞食になってみて初めて、それまで食べさせてくれていた親のありがたみを切実に感じたといいます。同時に、これまで当たり前のようにあった屋根のある家、冷蔵庫、掃除機……、そんなものまで与えられていたことのありがたさを実感したのです。

以前、彼の父親が言った「乞食になれば、感謝の気持ちを知ることができる」というのは、まさにそのとおりでした。

乞食ライフにはいっさいルールも拘束もありませんから、とりたてて何かするわけではありません。しかし、何もしなくてもおなかはすくので、食べるものを手に入れなければいけません。

どうやって食べ物を手に入れるか？　迷うことはありません。答えは一つ、拾って食べるのです。生きていくためにはプライドなんて捨てなければいけないことを、すぐ宮田さんは悟ります。

当初、彼はレストランの裏に行って、お客が食べたあとの肉のカスやポテトの残りを拾い、公園の水道で洗って食べていました。表面についたタバコの灰などをこそげ落として、拾ったマッチやライターで火をおこして焼いて食べたのです。

そのうち、乞食の師匠みたいな人が現れて、「ここに行けばもっとうまいものが食える」などと教えてもらえるようになりました。

また、レストランの厨房《ちゅうぼう》のいちばん若い店員と顔見知りになって、つくり置きして余ったものを分けてもらったりする術《すべ》も覚えました。宮田さんは、こうして乞食ライフのハウツウを身につけていったのです。

住めば都と言いますが、生きることに不安を感じなくなると、「乞食は一回やったらやめられなくなる」ものらしいのです。

宮田さんが乞食ライフで出会った人の中には、大きな会社の社長をやっていた人、一流大学を出ているのに、家も仕事も放棄して乞食をやっている人もいたそうです。

知り合いもない、家もない、お金もない……そういう中で生きること、つまり誰にも、何にも縛られることなく過ごす毎日は、ストレスとは無縁のものです。

何をしても自由。同時に、生きるも死ぬもすべての責任は自分にある。

生きる術さえ身につければ、この解放感はたまらない快感になるのかもしれません。

親公認の家出少年・証明書

生きる知恵・人なつこさが飯のタネになる

宮田さんが父親にもたされた「身元証明の手紙」は、非常に役に立ちました。

予想どおり、十五歳の少年が乞食生活をしていると、警察は知らん顔してはくれません。補導された回数は、数えればキリがないほどです。

それでも、例の手紙のおかげで、彼は、補導を恐れることはありませんでした。

親が公認ということになれば、警察も手の出しようがありません。

いつのころからか、宮田さんは警察を恐れるどころか、逆にその機会をチャンスに転じるようになりました。

補導されて、例の手紙を見せれば、警官は必ず実家に電話をします。すると、父親が出て、「そいつは修行中だ。ほっといてくれ」と、ガチャンと電話を切るのです。

そこで宮田さんは言うのです。

「ほーら、おれはウソはついてない。ねえ、警察って人を助けるのが仕事ですよね？　掃除でもなんでもするから、今晩泊めてくださいよ」

放浪の旅を続ける少年をおもしろいと思ってか、ご飯を食べに連れていってくれる警察官もすくなくありませんでした。なかには、自宅に泊めてくれる人もいました。

泊まる場所に困ったら、わざと警察の前をウロウロしたこともあるといいますから、宮田さんは、まさに知恵者です。

長距離を移動したいときには、トラックの運転手に、「荷下ろしを手伝うから乗せてくれ」と頼んで荷台に乗せてもらいもしました。

生きるためには今何をすべきか、つねにそれと向かい合った日々だったのです。

当時をふりかえって宮田さんはこんなことを言います。

「乞食時代も幼少期にも共通するものは、どうやって人に好かれるようにするかです。そのときは無意識だけど、こうすれば『おい、飯でも食っていけよ』となるはず、というシナリオみたいなものは、つねに頭の片隅にあったように思います」

だからこそ、人に喜ばれることは率先してやったといいます。結果的にそれが自分の得になることも心得ていたのでしょう。そういう次男坊の資質を見抜いたからこそ、父親は彼を乞食修行に出したのかもしれません。

乞食歴四年、日本中を放浪して乞食生活を続けた宮田さんは、十代にしてすでに乞食道を極めたといっていいでしょう。

そのころには、何をしても食っていけるという自信もついていたといいます。

こうして、宮田さんは、二十代のスタートを海外でと考え、「日本よ、さらば!」とばかりに、二十歳の誕生日の一月十九日、パリに飛び立ちました。

そのころには日雇いの肉体労働で稼げるようになっていましたから、そうして働いたお金で買ったチケットは片道分。パリにした理由は簡単で、そのときチケットがいちばん安かったからです。

国内とは違って、金はない、知り合いはいない、さらに、言葉も通じないとくれば、「さあ、どうする、おまえの人生？」と普通の人なら弱気になるところですが、逆にそれが刺激的で、宮田さんは見知らぬ地への期待に胸をふくらませたのでした。

時はバブル真っ盛り。宮田さんと同世代の日本の女子大生が、ルイ・ヴィトンに列をつくっていた時代です。

しかし、宮田さんはパリに渡っても、いきなり生活が変わるわけではありません。いわば乞食のフランス・デビュー。

当時、日本には外国人の難民を受け入れる体制はありませんでしたが、フランスは移民の多い国。いろんな人種であふれかえっており、難民に対するフランス語教育もなされるなど、その手厚さは宮田さんにも好都合でした。

コートダジュールで観光客にサンドイッチを売ったり、スペインに渡ってTシャツを売ったり、現地ガイドの真似事《まねごと》をしたり……。

さまざまな経験を重ねて帰国し、現在、宮田さんは会社を経営する立場になりました。

ド貧乏な子ども時代、乞食をした十代、海外に渡った二十代、その経験の合計が、今の宮田さんをつくっているのです。

合計して、と書きましたが、もしかしたら宮田さんが受けたのは、徹底した「引き算教育」だったのかもしれません。

子どものためを思うと、どうしても与えることばかりに目が向いてしまいます。よい暮らし、よい教育、よいしつけ――。親心ではありますが、「もっともっと病」がここにあります。いわば「足し算教育」でしょう。

しかし、宮田さんは必要最小限、いや、もしかしたら足りない足りないという、極限を味わう育てられ方をしました。これを僕は「引き算教育」と名づけました。

与えられないことで、欲しいものが見えてくるし、強くなれる。飢えたときほど、渇いたときほど、やっと手にした食べ物や水がうまいのと同じです。

人間は、たいしたもんや、と僕は感じるのです。

「宮田さん自身は、お子さんにどんな教育をしてはるんですか？」

お話をもっと聞きたくて、居酒屋に移動してから、僕は、興味しんしんでたずねました。

「息子がいて、今、一人で暮らしていますが、いっさい援助はしていません。かなり小さなアパートに住んでいるんですが、たまに家賃を何か月も滞納して、大家さんから電話がかかってくるんです」

「ほう、それだけ払ってあとは放任ですか」

Ｒｙｏ-ｍａ倶楽部の一人がたずねましたが、そんなわけはありません。

「いいえ。最終的には保証人になっている私が払いますが、大家さんにお願いするんです。『どうか催促の電話をしたり、ドアに張り紙をしたりして、できるかぎり厳しく取り立ててください』と。そうすれば、自分で必死になって家賃を工面するでしょう。あやしい金融機関に駆け込むのは困りますが、できるだけ困らせてもらうのが、最高の教育になります。だから思う存分、嫌がらせをしてくださいとお願いしてるんです」

にやりと笑いながらビールを飲む宮田さんに、思わず握手を求めた僕でした。

第4章

ニッポン全国、旅の先々に光る出会いがある

三千三十年ものの火鉢を、二百年後の子孫に贈る

猛スピードで成功する人生なんてつまらない

僕はもともと、自分の物差しでは測れないものをもった人に会うのが好きです。測れないからこそ、自分の物差しがちょっぴり伸びるような気がするからです。最初に書いたように、出会いはどこにでも転がっていますから、日々が出会いなのですが、旅先ではちょっと変わった出会いがあります。

光る人間に会いたい、というのが僕の楽しみですから、観光というのも「光を観に行く」と考えれば、「光る人に会いに行く」と言い換えられます。ですから、講演で知らない土地に行けば、できるかぎりたくさん、その土地の人に会うようにしています。

そんな出会いがあったのは、日本の南。生まれたときから自然には恵まれていた僕ですが、鹿児島の南に位置する世界遺産、屋久島を訪れたときには、こんなにもでっかい自然の尊厳があるんやなあ、と感嘆しました。

ここに、僕の人生のスケールをでっかくしてくれる、「普通」をもつ人が待って

いたのです。

出会いをつくってくれたのは隣の種子島での講演の機会をつくってくれた池田さん。案内役を買って出てくれたのは、その部下の西川さん。第一日目、僕はまず、屋久島を散策しました。

物語の世界にはいり込んだような緑深い山々や、豪壮な滝。

澄んだ沢を散策し、夜は海岸の岩場で汗を流します。

岩のくぼみに潮が満ち、その下の源泉によって温められた自然の岩風呂では、満天の星を眺めながら、島の人たちと語り合うこともできました。

翌日、西川さんが、屋久島は自然もすばらしいが、ぜひこの機会に会ってほしい人がいると言います。

「工房を構えていらっしゃる職人さんでね。日高岳南《がくなん》さんとおっしゃいます。皇室に、屋久杉でつくった壺《つぼ》を献上することになったとき『ぜひ岳南さんの作品を』と直接、請われるほどの人なんです。ご本人は、自分の作品などはとさんざん辞退されたんですが、『あなたの作品はとても心なごむものがある』という強いリクエストがありまして」

「そりゃあすごい方なんですねえ」

「といっても、ご本人は淡々として……。とにかく中村さん、実際に会ってみてください」

岳南さんは芸術家肌で気難しいところのある人だとも聞き、僕はすこし身構えて、西川さんとともに工房を訪れました。ロッジふうの工房は飾り気がなく、庭には巨大な屋久杉が、乾かすために置いてあります。ケタ外れに大きな原木。

こりゃあ、ただ者じゃないぞ。僕の野生のカンがひくひくしはじめました。

出迎えてくれた岳南さんは初老の華奢《きゃしゃ》な男性でした。指がまるでアリクイの舌のようにすらりと細長く、巨大な原木と格闘し、重厚な作品をつくりあげるようには見えません。

僕たちがはいっていっても、椅子《いす》に座ってタバコを吸っているだけで、何も話してくれません。ようやく口を開けば、たった一言。

「ほな、勝手に見てって」

典型的な職人さんタイプの人でした。

どうしたものかと思いましたが、いざ、二階建て工房にぎっしりと並べられた作品の数々を見ると、僕はそのすばらしさにすっかり夢中になってしまいました。工房全体に、屋久杉の清潔感ある、よい香りがたちこめています。

丹念に磨かれたテーブルや椅子、置物、飾り棚、そのどれもが、大自然の奥深さや美しさを物語る造形物だったのです。

なかでも一つ、とくに僕の目を惹《ひ》く作品がありました。火鉢です。

幹の肌合いを生かして磨かれ、火鉢となった屋久杉は、いかにもどっしりとして、まるで生き物のようでした。あたかも神か仏の魂が隠れていそうです。

じっと眺めていると、岳南さんがぽつりと言いました。

「おお、それが気に入ったか。樹齢三千年。ほかのとは一味違う」

さらりと三千年と言われ、僕は仰天しました。

「あんたも山で縄文杉やらを見てきたんだから、三千年ものなら、もっと太いはずだと思うやろ。

この屋久杉はなあ、土の上にしっかり根を張って育ったんやない。たまたま大きな花崗岩《かこうがん》の上に生まれ落ちたんや。土がないんやから、成長不良で育ちそうもないところだ。それでもこの屋久杉は、養分が吸えん苦しい中で、細い根を何本も何本も岩の表面や隙間《すきま》に張りめぐらせ、やっとの思いで水脈にたどり着き、岩を抱きかかえるようにして生き延びてきた。こいつはどの屋久杉よりも目が詰まって、いい味を出してるやろ。ほかの木を『うらやましいなあ』と感じながら悩んで、苦しみ抜いて、それでも一生懸命大きくなったからなんや」

岳南さんの説明を聞いて、僕はますますその火鉢に惚《ほ》れ込みました。

「生えてるときは世界遺産でも、倒れ落ちてしまったらゴミ同然になる。それを拾ってきて大事にしていると、生き物のように、わが子のように思えてくるんや」

「じゃあ、この火鉢は三千年ものなんですねぇ」

すべすべした手触りを楽しみながら、僕は感動してつぶやきました。

「まあ、そうだが、おれが拾ってから仕上げるまでに、三十年かかっているな。拾ったのは、そう、あんたが生まれたくらいの年だったか……」

岳南さんが当たり前のように言うのを聞いて、僕は度肝を抜かれました。

今の世の中、スピード勝負といわれ、あらゆることが、速ければ速いほどいいとされています。効率よくスピーディに仕事をする、早く目標をやりとげる、若くしてお金持ちになり、成功する……。

なのに目の前の岳南さんは、制作に三十年かけたと平然と言うのです。

「えらい時間をかけてらっしゃるんですね。三十年もですか」

僕が言うと、岳南さんはまた、タバコに火をつけました。

「三千年の屋久杉に向き合ったら、三十年なんてほんの一瞬だ。**三千年かけて育った屋久杉を、百年足らずの寿命の人間が、どうこうしようなんて不遜《ふそん》なんや。おれは木を自分でどうこうしようと思ったことはない。**木がこうせい、ああせいという声を聞いて、そのとおりにしてるだけなんや。あんたくらいの年でこの倒木をもらい受けてきて、じっくり乾かして二十五年たったころ、『おーい岳南、そろそろ手をかけてくれよ』と木のほうから語りかけてきた。それで磨きはじめて五年たつ。それがこの火鉢や」

さらに一つの原木に刃を入れるまでには、日をおき、時間をかけて、気が向いたら何度でも木と対話するようなつもりで、どうすればよい形になるかイメージづくりをすることから始まるといいます。

「自分が思い描いている何かを、原木に押しつける」のではなく、木と向き合うことによって浮かび上がってくるものがあるかどうかを、じっくりと見極めるのだぞうです。

何かが聞こえるのを待つ、聞こえるものがなければ、形にならない――。

見えたり聞こえたりするときは、必ず自分が無の状態である――。

これはなんと気の遠くなる作業でしょうか。僕は全身が熱くなりました。人間なんて所詮《しょせん》ちっぽけで、短い命をあくせく生きるだけなのに、この荘厳な存在である偉大な木々に、あれこれ注文をつけるとはおこがましい、というわけです。

――二十五年、ただ待ちつづけ、さらに五年のあいだ磨きつづける。こんな壮大な、ケタ外れの「普通」をもつ人に、僕は今日、出会った。

こうした仕事は、儲《もう》けを考えたらとてもできないでしょう。自分の中にけっして揺るがない信念と哲学があり、自分の仕事に誇りとこだわりをもっていなければ、やりとげられないはずです。

僕はこの火鉢が、一も二もなく欲しくて欲しくてたまらなくなりました。

いいえ、もはや僕は、火鉢を買うためにお金を払うのではなく、屋久杉に向き合う岳南さんの心と魂と生きざまに対価を払って、その一部を分けてもらうという心境でした。

しかし、当然値札はついていません。

「そうか、気に入ってくれたか。どのくらいなら買うつもりか言ってみてくれ」

岳南さんに問われても、膨大な歳月を経てきた屋久杉の火鉢に値段をつけるなど、とても僕にはできず、何も言い出せずにいました。

百万、百五十万くらいならぜひ欲しいとひそかに思っていたところ、僕のその心中を見透かしたように、「五十万だったらどう？」と切り出されたので、即「ええ、もうそれは、ぜひお願いします！」と答えました。

すると岳南さんは、

「そうか、そこまで値打ちを見てくれたか。あんたの返事の早さが気に入った」

と、さらに値引きして三十五万円にしてくれたのです。

大量生産の品物があふれる中、価格だけ見れば、三十五万円でもすこし高いかもしれませんが、これを僕、僕の子ども、孫、ひ孫と代々使いつづけて、この火鉢の生い立ちを語り継いでいくのなら、安すぎる値段といっていいでしょう。

あとから聞いた話ですが、岳南さんの工房に案内されるには、じつは紹介者による暗黙の選別があるという話です。

「この人にならに見てもらおう」と判断されて初めて、ここへ来ることができるのだと知りました。僕は西川さんと山や谷を歩き回りながら、屋久島の息吹を肌で感じたからこそ、この工房へたどり着けたといっていいかもしれません。

岳南さんに会い、屋久杉に惚れ込む自分を認められたから「作品を譲ってもいい」と言われたのだと思うと、とてもうれしい気持ちでした。

わが家にやってきた三千三十年ものの火鉢。

さっそくお餅《もち》を焼いたりして使っています。岳南さんの印と「火鉢ストーリー」を裏書きしておいて、僕の二百年先の子孫がそれを見ながら、

「これはな、十代前の先祖が、岳南さんという方に譲ってもらってなあ」

と、人に自慢している姿を、夢見ているところです。立派な家訓を残すより「火鉢ストーリー」のほうが、伝わり、感じてもらえるものがあるかもしれません。

「また来ます」を「また来ました」にしろ！

人のご縁は、つきあいの長さでなく深さで強くなる

最初は無口で無愛想に見えた岳南さんですが、帰るまでの時間、僕はご自宅まで案内され、お茶もごちそうになりながら話し込み、船着場まで送っていただきました。別れ際、僕は言いました。

「必ず、また来ます」

その言葉どおり、一年足らずのうちに、僕はふたたび屋久島を訪れました。

「また来ました！」

人はなにげない挨拶《あいさつ》として「また来ます」と言いますが、言葉だけでなく実行すると、がらりと変わります。

「また来ます」が、「また来ました」になる。こんな単純なことで、ご縁はいっそう強くなるのです。

さて、今回は友人も誘って工房を見せていただいたのですが、岳南さんは饒舌《じょうぜつ》でした。最初に会ったときのやりとりで、僕に心を開いてくれたのでしょう。こんなことを、いたずらっぽくたずねてきました。

「この宇宙で、いちばん速いものはなんだと思う？　光より速いものは？」

みんなが、「えー？　そんなものあるんですか」と、首をひねりました。

「光より速いもの、それがあるんや。世界中の科学者も、まだ、誰も言っていないと思う。わからないかなぁ」

「えーっと、ニュートリノとか、素粒子に光よりすこし速いのがあるとか……」

と、居合わせた一人が、苦しまぎれに答えました。

「そうじゃないよ。光よりすこし速いくらいじゃおっつかない。光で走っても百五十億年もかかる百五十億光年の宇宙の果てに、一瞬で到達する速さをもったものがあるんや」

「ほんとうですか？　神様とか？」

「いやいや、そんなに難しいものじゃない。答えは『人間の想像力』や」

岳南さんは微笑《ほほえ》みました。

「あんたが今、一瞬、宇宙の果てを考えたとすれば、考えた時間は、光よりケタ違いに速いよ。光の速さでも百五十億年かかる宇宙の果てにだって、人間の想像力は一秒もかからないで行き着く。人間の想像力って、それだけすごいものだと思うんや」

僕は、これを聞いてうなりました。

なるほど、人間の想像力は、あらゆる時空を超えて飛ぶでしょう。この考えに立てば、宇宙の果てにさえ、人間の思いを飛ばすことができるのです。時間の長さを超えるものは、たしかに存在するのかもしれません。

出会いもまた、これに似て「時間の長さ」ではないのです。そんな出会いもあるのです。会った瞬間、かけがえのない相手になる。

長いつきあいも大事ですし、じっくり育てていくご縁もありますが、会った瞬間、ご縁がつながる——岳南さんとの出会いは、まさにこれだと思います。

現在、屋久杉の伐採《ばっさい》が禁止されていることもあり、岳南さんが作品に使う原木のほとんどは「土埋木《どまいぼく》」といって、樹齢をまっとうして倒れたあと、何百年も落ち葉や土砂に埋もれて熟成された木だそうです。

こんなふうに屋久杉という悠久の時と真正面から向き合う人と、一瞬でご縁ができるのですから、出会いというのはおもしろいものです。

単にして純に、まっすぐ生きろ！

「本物」はすべて、わかりやすい

今ではまっすぐな自分の生き方を貫いている岳南さんは、芸術家か哲学者のようです。お話はどれも奥が深く、僕は大いに刺激されました。

ところが、そんな岳南さんにも、哲学者のような境地にたどり着くまでは、いろいろな道のりがあったそうです。

岳南さんは、屋久島で生まれ育ちましたが、中学を卒業後、島を出て働きました。若者は金の卵と呼ばれて、大挙して集団就職のために都会へ出ていった時代です。靴下製造の会社で十数年、真っ正直に仕事に打ち込み、デザインや工程に独自の工夫をこらして経営者に認められながらも、結局は売らんかなの論理が支配する社会になじめませんでした。

たとえば、屋久島特産の柑橘《かんきつ》類のポンカンは、一月に完熟した実を食べるのがいちばんおいしいのです。しかし、商売上の理由から、そのおいしい時期ではなく、いちばん需要のある正月前に集中して出荷されています。

それは、ポンカンのためでもなく、おいしく食べたい人のためでもなく、ただ儲かるからという取り引きです。

――自分はこの業界で認められ、やりがいも責任もある。成功していると言われることもある。だが、おれのやっている仕事も、ポンカンをうまくないときに売るのと、似たようなものじゃないか。

ある日、そう思った瞬間、岳南さんは屋久島に帰ろうと決めました。

翌日には会社を辞め、家を売る手はずも整えました。一週間後にはすべての手続きを終え、屋久島に戻っていたといいます。

その話を聞き、僕は思わず笑ってしまいました。

「なんちゅう早さですか！　島で何をしようとか、家族に相談しようとか思わなかったんですか」

「決めたことはやる。やるなら早いほうがいい」

岳南さんは、一本道でしか生きられない人なのです。

こんなにも男らしく、潔くまっすぐに生きている人がいるのか、と僕は感動しまくって、話に聞き入りました。

三十一歳で屋久島にUターンしてきた岳南さんですが、あてもなく帰ってきてしまったのですから、やることもありません。しばらくタクシーの運転手をしたり畑仕事をしたりして過ごしました。

ある日、奥さんと散歩をしていると、川を木が流れてきます。屋久杉のかけらでした。なんの気なしにそれを拾い、ぼんやり眺めていると、何かが訴えかけてくるような気がしたといいます。

――この中に、魚が隠れている。

そう感じたとたん、即座に行動です。岳南さんはその流木を乾かし、荒物屋に出向いてチェーンソーに使うヤスリ刃を二本、七百円で購入しました。

「ギザギザ刃の両端を七輪の炭火で熱く焼いて、のばして、それぞれ違った形の刃にしたから四種類の刃物ができた。それだけが資本。その刃は、今も大事に使ってるんや」

夢中になって彫りつづけると、やはり魚の姿になったといいます。どこかで勉強したこともなく、まったくの自己流でした。

「難しいことは、何もない。そこに木があって、魚が隠れていたから、おれはそのまま彫っただけだ。屋久杉を前に、なまじの勉強は役に立たない。いらんのや。木の声を聞いて、そのとおりに従うだけだ」

それからしばらく、岳南さんは手づくりの刃で屋久杉を削ったり磨いたりしながら、作品をつくっていました。見に来た人に「それが気に入ったから欲しい」と言われて、つくるそばから売れていくようなことが続きました。

そうしてだんだん屋久杉に魅せられていった岳南さんは、従来の屋久杉作品を見て回るようになり、不思議な体験をします。

ある展示会でおびただしい屋久杉作品を見て、その場を出ようとすると、何か屋久杉が自分を呼び戻すような気がするのです。

何か叫んでいる、何か訴えている。しかし、その声が何を言おうとしているのか、このときの岳南さんにはまだわかりませんでした。

さらに数年間、鯉《こい》や花、岩など、岳南さんはさまざまな作品をつくりました。

自然につくったものが人の目に留まって売れるのだから、「売らんかな」とは違う。それはそれでいいではないか。そう考えていたのだといいます。

しかし、その岳南さんの心を、ときどき疑問がとらえます。

「つくりたいものをつくって、人は喜んで買ってくれている。しかしこれでいいのか。あの杉の叫びはなんだったのか。おれは、なんのために屋久杉と向き合っているんだろう」

そして三年ほどたったころ、今度は、杉の叫びが、悲鳴となってはっきり聞こえてきたのです。

「当時の作品は、ほかの人と同じように、全部ニス仕上げで、光が反射するくらいにテカテカに上塗りしていた。それがきれいで、一般受けもしていた。都会のホテルなんかに飾ると言われてな。でも、それは本来の屋久杉の姿じゃないと気がついた。厚く塗られたニスは空気を遮断する。杉は、その窒息状態で、『苦しい』という叫び声を上げていた。おれはうかつなことに、それに気づかんかったんや」

その日から、岳南さんは従来のやり方を、すべてやめてしまいました。

「おかしいと気づいたら、すぐやめる。即刻やめる。それが当然だよ」

ほんとうに、男が惚れてしまうほど、きっぱりしています！

元来、屋久杉そのもののよさというのは、しっとりと心をなごませる木肌にあることを、岳南さんは発見しました。試行錯誤の末、ニス塗りは最低限、木が乾燥しない程度に抑え、しっとりとした感触を大事にする手法を完成させたのです。

当時、〝屋久杉だから艶《つや》が出る〟という売り込みが盛んでしたが、だんだん艶のない岳南さんの作品が評価されるようになって、今では逆転してしまったようです。

「『モノをつくる』という世界は良心の問題や。そのものがもっている内なる声を、どこまでしっかり聞くかにかかってる」

自分でも「これは」と思う作品に仕上がると、その杉から「ありがとう」というお礼の言葉が聞こえることもあるといいます。

「岳南のところへ来てよかった。よそでは、こういう姿かたちでは世に出られなかった。ありがとう、ようここまで手を入れてくれた、そんなふうになあ」

おしゃべりな僕ですが、しばらく黙り込んで、岳南さんと、岳南さんの手を通して輝きを増した屋久杉の作品に見入っていました。僕の「普通」とあまりにかけ離れた、岳南さんの一徹な「普通」にしびれていたのです。

やがて、僕はたずねてみました。

「岳南さん。どうしたら、岳南さんみたいに潔く生きられるんでしょうね」

すごいと思ったら真似《まね》をする。いいと思ったら聞く。これが僕の「普通」です。

まだまだ日本中を駆け回るように生きている自分が、この出会いですこし変わるような気がしたのです。すると岳南さんは、

「おれの人生の秘訣《ひけつ》は、単にして純なんや」

と、これまたさらりと答えます。

「人間がごちゃごちゃ理屈を振り回して、ものごとを複雑にしているだけで、真なるものはみな、単にして純なんや。

だから人生のいろいろな問題も、複雑に考えないで、素直に純粋に考える。そうすると道が見えてくる。ま、宇宙や自然の声に耳を傾けていれば、だんだん人間の小賢《こざか》しいもろもろは小さくなって、単にして純にならざるをえないんやけどね」

あれこれ自分の頭で考えないで、じっと杉の声を聞く、ほとんど無念無想になって自然界と交流する毎日……。そこから見えてくるものは、たしかに人間のさまざまな思いを裏切って、単にして純なものかもしれません。

岳南さんは自分の個人的な「人生の秘訣」というつもりで言ったのでしょうが、言われてみると、それにとどまらない衝撃があります。

単にして純な生き方。

バス停みたいに小さい屋久島空港で別れの挨拶をしているあいだも、飛行機に乗ったあとも、しばらくはこの岳南さんの「人生の秘訣」が、耳から離れませんでした。

「ひたすら待つ」ことの底知れぬパワー

死に場所を探していた子に、木が語りかけたこと

屋久島での暮らしぶりを聞くうちに、僕は屋久杉のもつ不思議な力を、意外な面からも発見することができました。

というのは、生きることにつまずいた人が、吸い寄せられるように屋久島にやってくることが多いらしいのです。

なぜ生きているのかわからない、あるいは、死んでしまいたい、消えてしまいたいといった願望を秘めた人たちが、島の宿に何日も泊まっていたり山を歩いたりしているのだそうです。

人知れず身を投げてしまう人も何人かいる中で、生きる意味を確かめようとして、

縄文杉や弥生杉に出会うために深い山へはいっていく人もいるといいます。「泊まり客が山から帰ってこない」と連絡を受けた消防隊や警察が出動して捜すと、山中で行き倒れているのです。

何かを求めて山中を歩き回っていると、同じ目的でそこに来た人と出会うこともしばしばで、そんな若い人が連れ立って、岳南さんの工房を訪れることもあるそうです。

単に商品を買いたいだけのお客さんには、紹介者がいないとなかなか会わないのが岳南さんです。テレビや新聞などの取材申し込みも多くあるようなのですが、「インターネットだか資料だか知らないが、事前に調べましたと言って、実物を見もしないでわかったつもりになっているのは、どこかおかしいんや」と、ほとんど断ってしまいます。

ところが、岳南さんは生きる道に迷ってしまったような若者は、ためらわずに受け入れます。

彼らは、工房に並んだ作品をただ「見たい」というだけなのに、その独特の空気を感じ取る岳南さんには、それとわかるのだそうです。

「顔を見ればすぐにわかる。死のうとしていた人にもたくさん会ったし、話を聞くために家に泊めることもしょっちゅうあるんや」

ついこのあいだまで滞在していたという、ある青年もそうでした。その青年は、都会で働いていましたが、仕事が自分に合わないのではないかと退職し、あちこち旅をしながら屋久島にたどり着いたといいます。まだ若く、気楽な旅を楽しんでいる人にしては、あまりに張り詰めた表情をしていました。

「作品を見せていただけないでしょうか」

下を向いたまま言う姿を見て、岳南さんはいつもどおり、

「ほな、勝手に見てってて」

と答え、黙ってタバコを吸っていました。

心が素直になれば、重い歴史を背負う屋久杉と何か通じるものがあるのでしょうか。

青年は、木の目や節が朝日のように見える大盆、観音壺など、岳南さんのたくさんの屋久杉の作品をじっと見つめていました。

そっと様子をうかがうと、何時間も屋久杉に向き合ったまま、青年はじっと考え

込んだり、ぽろぽろと涙をこぼしたりしています。岳南さんも、何時間もタバコを吸ってそばにいましたが、やがて声をかけました。

「これのよさがわかるんか」

青年はゆっくり、ふりむきました。今度は顔を上げ、岳南さんの顔を見ました。

「心が引き込まれる気がします。芸術も何もわからないし、なんの取り柄もない僕でも、見とれてしまいます」

「取り柄がないことなんてないんや。そんなきれいな心があれば大丈夫。あんたにはこんなにすばらしい心があるんだ。自分に『感動する気持ち』があるというその純粋さが、何よりもすばらしい」

岳南さんは、それ以上、細かいことは言いませんでした。

慰めも励ましも受けつけられないほど、気持ちが弱っているときに、ただやさしいだけの言葉を重ねても、意味がないからです。

「そんじょそこらの接し方では、その子の抱えてるものは解決できないし、そのままでは帰せない。一週間、一言もしゃべらないで、じっと見守ることもあるよ」

だから、自宅に泊め、いっしょに酒を飲み、語り合い、自分の力で歩いていけるまで待ちつづけるというのです。これを、どれだけ多くの大人ができるでしょうか。

僕はこの話を聞いて、屋久杉に取り組むのと同じに、人に対しても、「ただ待つ」という行為の偉大な力を思い知らされたのでした。

青年はしばらく工房に滞在し、すっきりした顔をして都会へ帰っていったそうです。

あとで人から聞いた話ですが、岳南さんの素朴なアドバイスを受けて、生きる力を蘇《よみがえ》らせた若い人たちは、何人もいます。岳南さんのところへ来たことが縁になって結婚したカップルもいれば、失踪《しっそう》していた人が岳南さんの屋久杉に出会って、家族のもとへ戻ったということもあったといいます。

警察から、「駆け込み寺」の看板を掲げてほしいと何度も頼まれたほど、「この工房へ来たら救われる」という噂《うわさ》はかなり広まっているようです。

岳南さんは、「自分が作品をつくっている」という表現は使いません。屋久杉のもつ何千年の世界を、何年かの時間と手間をかけて世に出すのが自分の仕事だといいます。

その工程に関わることを誇りに思い、「形になるまで、責任をもちました」という意味を込めて、作品の一つひとつに、「岳南」という二文字の銘を打っています。

岳南さんの本名は、「日高英世」ですから、「岳南」は工芸家としての号とか銘といわれるものです。

「岳」という字にもこだわりがあります。ほんとうは旧字のほうの「嶽」という字を使いたいのですが、それにはまだ自分は未熟だというのです。

「嶽」には「岳」にない意味、「山」の下にある「獄」のもつ「ごつごつと突き出る」という意味からくる「峻厳《しゅんげん》な山」のイメージがあるといいます。その厳しさには、まだまだ自分は及ばないということでしょうか。

しかし、僕などにはこの「岳」で十分厳しい感じがします。「岳南」さん自身もこの銘に命を懸けている感じが伝わってきます。

こうしたもろもろの思いを込めて、岳南さんは、自分の作品に「癒し」を感じてくれる人、自分の仕事を応援してくれる人、「なごみ」を求めている人に、責任をもって「岳南」と刻印するのです。

こんな真摯《しんし》な姿勢を見ていると、僕は岳南さんの「人となり」を、もっと多くの人に知ってもらいたいと思います。

「また来ます」をもう一度言って別れたあと、伊勢の自宅から、僕は岳南さんに電話をしました。

「いろいろ、ほんとうにありがとうございます。僕、いいと思ったことは黙ってられへんから、今度は師匠を連れていっていいですか？　僕から岳南さんのこと聞いたっていう友だちが訪ねていくかもしれへんけど、会うてくれます？　本に書くかもしれんけど、いいかな？」

「わかった、わかった。また誰でも連れて遊びに来い。こんな生き方もあるっちゅうのを伝えてくれたら、それもええ」

岳南さんはすべて快諾してくれました。

「作品を見て心がなごむ」と言ってもらうのが、いちばんうれしいという岳南さんは、作品そのもののような人でした。

第5章

自分の物差しで測れない人との「でっかい出会い」

人情男がスピリチュアルにめぐり合う

沖縄の離島・久高島、ここでの出会いにはきっと何かある！

この章でご紹介する真栄田苗《まえだなえ》さんも、屋久島の岳南さんと同じく、これまで出会ったどんな人とも違う存在です。姓からなんとなくわかるかもしれませんが、沖縄県の方です。

「南国だし、気ままな人が多い」と誤解されがちですが、沖縄はじつは、公務員志向の強い堅実な地域だといいます。物価が安いので一般企業へ就職しても給料は安い、それなら全国水準の給与の公務員がいいという理由なのだそうです。

一年ほど前から、保守的な沖縄で学生ベンチャーを支援しようとするメンバーと交流するうちに、僕は「苗さんという一風変わった人がいる」という話を聞きました。

支援メンバーの代表、今津新之助君は大阪出身ですが、沖縄に惚《ほ》れ込んで（株）ルーツという会社を興しています。自分の人生を見直して何かを探そう、見つけようという活動に力を入れ、インターンシップや起業支援など沖縄の活性化に一役買っているのです。

そのメンバーが「苗さんってすごいんですよ」と興奮して噂《うわさ》するその様子から、「これは何かありそうだ」と好奇心がムクムク湧いてきました。

「ぜひ、連れていってくれ」とお願いして、僕たちは苗さんが住む、沖縄の知念村から高速船で三十分ほどの離島、久高島《くだかじま》へ向かいました。

久高島は、人口二百人程度の小さな島です。ごく小さい島ながら、沖縄本島の北端から南端までが見渡せる位置にあります。

琉球《りゆうきゆう》王国の時代から、この島でノロシを上げると、それに応じて沖縄本島の四、五か所から返事のノロシが上がるというように、沖縄全土にとって重要な拠点だったらしいのです。そんなことを高速船の窓からトビウオを眺めながら、今津君が説明してくれました。

離れ島のせいでしょうか、島全体が共同体か家族のような感じで、子どもは十五歳になると一人前と認められ、島の土地を三百坪くらい与えられるそうです。

その土地で作物をつくって自活し、七十歳になると島に土地を返還するのだそうですが、なんと合理的なシステムでしょう。

十五歳で自立、七十歳で現役を引退して子孫の世話になるというのが習わしだそうです。島はみんなのものであって、島民あげて守っていく大切な土地なのです。

沖縄群島の中でもとくに、神や先祖や自然を崇拝する島ですから、あちこちに祈りを捧《ささ》げる場所があります。

女人禁制の場所、男子禁制の場所などがガジュマル林を抜けた先に点在し、何に対して祈る場所なのかも細かく決められているのだそうです。

さて、高速船で降り立った僕らを迎えてくれた苗さんは、とても小柄で華奢《きゃしゃ》な、明るい女性でした。

「ようこそいらっしゃいました」

沖縄ふうの発音で言い、ニコニコしています。髪はうっとりするほどきれいに輝く白髪で、年はいくつぐらいなのか、まったく判断しかねました。

「中村さん、このおばあは、ノロさんなんや」

つまらなくても駄洒落《だじゃれ》を飛ばさないと気がすまない芸人気質の僕は、

「ほー、ノロさん。のんびりしてはるんですか」

などとトンマなことを言ってしまったので、今津君が笑いながら教えてくれました。

別名・祈りの島と呼ばれる久高島では、琉球王国時代、祈りを捧げる神人《カミンチユウ》を「ノロ」という称号で呼び、代々ノロは、祈りの中からいろいろな教えを島民に示すという役を担ってきたそうです。

「苗さんはノロとして、自然と対話し、神に祈るという日々をごく自然に過ごしてはるんですよ」

「ほうー、神に祈る、巫女《みこ》さんですか」

僕はもともと人間が大好きで、度胸と愛嬌《あいきよう》とド根性、暑苦しいほどの人情にまみれて、毎日生きています。不思議な世界に縁があるというタイプの男ではありません。ところが、苗さんに会った瞬間、この人のことが知りたくてたまらなくなりました。

さっそく、苗さんに島を案内してもらうことにしました。

港といっても猫の額ほどで、わずかな集落からすこし離れると、すぐに手つかずの自然にぶつかります。人口がすくないので、誰にも会わない静かな場所が無数にあるのです。サトウキビ畑、静かに続く原生林、何やらミステリアスな洞窟《どうくつ》。

車から降り、苗さんが歩きはじめると、どこからともなく見たこともないグリーンの鳩《はと》が数羽飛んできて、フィーッフィーッとかん高く鳴いています。

「けったいな鳩やな。なんで緑色なんや」

鳩はやがて低いところまで降りてきて、苗さんにまとわりつくように飛んでいます。まるで子犬が飼い主にじゃれつくように、くるくる回るのです。あっけにとられている僕でしたが、苗さんは平然と鳩に話しかけています。

「なあに？　ああ、そうか。ふんふん、友だちも呼んでおいで」

と思ったら、たちまちまた何羽も飛んできたので、さらにびっくりしました。

「この鳩の声は雅楽の笙《しょう》の音に似ているでしょう。神に近づく音楽である雅楽は、久高のこの鳩の声から人間がつくったんよ」

そう言われると、たしかにそんな気がしてきたのも事実です。

やがて海が見えてきました。

苗さんは海岸のツルツルした一枚岩の上に立って海に向かい、

「はーい、はいはいはい」

と叫びはじめました。今度は何ごとかと思っていると、魚の大群がぶわーっと寄ってきたのには仰天しました。

そこは鶴亀《つるかめ》の祈りを捧げる場所といって、千四百年の昔から久高のノロたちが、空を飛ぶこと、海を渡ることを願って祈りつづけてきたそうです。

「中村さん、今日は飛行機と船と乗り継いでこられたんでしょう。あのね、私、人間の科学技術が進歩して飛行機や船ができたんではなく、久高の鶴亀の祈りが通じて現実になったと思ってるんよ。鶴は飛行機、亀は船の意味かな、って」

苗さんは、真面目に言うのです。

次に案内されたのは、松竹梅の祈りを捧げる場所です。子孫繁栄・初志貫徹・不朽不滅という大きな願いです。

松の葉は細く長く二本が一体になっているので、夫婦が寄り添い、多くの松の葉を茂らせるという意味、竹は節々に苦労や変化があってもまっすぐに伸びていくさまを表し、実が百年も腐らない梅は、長寿や不滅を願う象徴だということです。地球上の人間すべてがすこやかに……と祈る「松竹梅」なのです。

あちこちの祈りの場所に案内してもらう道すがら、夜行性のはずのヤシガニがひょいと顔を出し、苗さんは何やら小声でひそひそ話していました。

苗さんが行く先々で、いろいろなものがビンビン反応しているようで、こんな世界があったのかとほんとうに驚いたのです。

わからないなら、とことん知りたい。

僕の目がらんらんとしはじめたのも、反応の一つなのでしょうか。

わからないから、受け入れる

「ノロ」になるのは宿命の導き

ものごころつくころから、ほかの人には見えないものが見え、聞こえないものが聞こえたという苗さんは、久高島で生まれました。幼いうちから母親に「おまえはノロになるんだよ」と言われて育ったそうです。

不思議な力を宿す苗さんは、島に一軒しかない食堂で、驚くべき体験をぽつりぽつりと話してくれました。

「五、六歳ごろ、聞こえるはずのない馬の蹄《ひづめ》の音が聞こえたことがありました。これが、私が覚えている最初の体験です。母はいたって平気でしたが、不思議なできごとが次々に起こったの。私が生まれてまもなく死んだ父親も、同じように見えないものが見える人だったそうです。そこへ嫁いできた母には、その血を受け継いだ子を産むという予感みたいなものはあったんでしょうね。

小学生のころ、家に誰もいないとき、突然息が止まって呼吸できなくなってしまったんです。苦しくて苦しくて縁側から庭に転げ落ち、紫色の顔をして倒れていた私に、帰ってきた母が気づいて慌てて心臓マッサージをし、なんとか息を吹き返したそうです。

気を失っていたあいだ、覚えているのは、髪の短い四十代の男性と遊んでいたこと。その人といっしょにお墓に行ったのですが、『おまえはまだ小さいから帰りなさい』と言われました。気がつくと、母が顔をのぞき込んでいたのです。

あとで聞くと、それは亡くなった父だったらしい。以来、母にはずっと『苗は死にはせんよ。やるべきことをまっとうしなきゃ、なかなかお迎えは来んわな』と言われつづけました。その母も二十年前に死にましたけど」

僕は何やら摩訶《まか》不思議な気分にとらわれて、頭がくらくらしはじめました。あまり本土では見ない海藻やら、エメラルドグリーンの魚やらをつまみに、いささか飲みすぎた泡盛のせいばかりではないでしょう。

酔っ払わないうちに、以前から、人知を超えた力をもっている人に会ったら、どうしても聞いてみたいと思っていた質問を苗さんにぶつけてみました。

「そもそも、運命とか人生というものはあらかじめ決まっているものなんですかね。それとも変わっていくものなんですか。僕は、変わっていく、そう信じているんやけど」

ぐいぐい泡盛を飲んでいる僕らに、お茶でつきあってくれている苗さんは、

「もって生まれたものはある程度決まっているけれど、それをその人がまっとうできるかできないかによって、だんだん人生は変わってくるよ」

という答えをくれました。そして、不思議な自分の体験を話してくれたのです。

「定められた運命を背負って生まれてきても、そこから焦点をずらしてしまったり、本来あるべき姿から離れてしまったりすると、私の場合は体調を崩してしまうようです。

十五歳で久高島を出て沖縄本島に行ってから、いろいろな職業につきました。店を開けば人が集まり大繁盛というのが続いて、一度に四つの店を切り盛りしていたこともあります。美顔サロンや電器屋や水道屋にスナック。忙しくて睡眠は二、三

時間くらいでした。そんな生活をしていると、鏡の中に動物や人の顔が見えて、目を光らせながらこちら側へやってくる気がしてきます。まるで異次元の扉のような感じでした。

そのうち、ストレスから血を吐いて胃潰瘍《かいよう》になってしまったので店を畳んだのですが、根っからの商売好きで、しばらくして開店すればまた人が集まってきて儲《もう》かるんです。

調子に乗っていると、今度は何ものかの力が働いたような感じで、二階から落ちて全身麻痺《まひ》になり、一時は言葉も話せませんでした。

あるとき、白装束を着たもう一人の私が部屋にすうっとはいってきて、お膳《ぜん》に葉っぱやモミ殻を置いて、東のほうを拝みはじめたのです。びっくりしてベッドから飛び起きました。『夢だったのかな。そういえば、今日は久高のお祭りかな』と思ったので、すぐに島に電話してたずねたんです。すると、『今日は麦の初穂あげの祈願祭だ』と言われて感じるものがあって……その後、帰島して今ではすっかり島の住人に戻りました」

なんとも不思議な話です。苗さんは、不可思議なことが起こっても「ああ、またか」と当然のように受け止めています。僕にとっては「測れないできごと」です。

幼いころから不思議な体験をした苗さんが、そのまま大人になってすぐ祈りの世界にはいっている人だったら、僕はもしかすると受け入れられなかったかもしれません。

三十代まで夢中で商売をし、結婚もした苗さんに、自分と違うものと同じものの両方を感じて、素直に「そんなことも、あるんだなあ」と思えたのです。

僕らがどんどん泡盛を飲んでも、ひたすらお茶でつきあってくれる苗さんに、

「お酒はやはり、飲むとまずいんですか」

とたずねると、

「昔は中村さんも負かすくらい、ものすごーく飲みました。今はいらなくなっただけなの」

とカラカラ笑います。その姿を見ると、なおさらそう思えます。

お金やモノが、でっかい人生をつくるわけはない、何が自分を大きくしてくれるのかと考えている僕に、苗さんは言葉にならないヒントをくれたのかもしれません。

わからないから、受け入れる。そんなのもアリ、が楽しいのです。

何度も死ぬ目に遭って悟った「あいうえお」

両腕のない尼僧と久高島のノロの共通点

五体満足に生まれて当然と、たくさんの人が思っています。しかし、手を失ったり目が見えなくなったりすると、初めてそのありがたみに気がつくとも、よくいわれます。

明治時代、大阪・道頓堀のすし屋の娘に生まれ、踊りの名取りになるなど幸せな日々を送りながら、ある日、酒乱の養父による一家惨殺の凶行に巻き込まれ、十六歳の娘盛りに両手を切り落とされて、家族の中でただ一人だけ生き残った女性がいました。

彼女はカナリアがくちばしで餌《えさ》をついばんでヒナを育てるのに感動し、「手がなくたって、できることはいっぱいある」と、口に筆をくわえて、書画を描くようになりました。

この順教尼《じゅんきょうに》のことは、市井の托鉢《たくはつ》者で知られる石川洋氏の著書『無いから出来る――大石順教尼の生涯』（致知出版社）で知りました。

彼女は、大阪・高安病院の献身的な治療で命をとりとめたものの、家族を失って、絶望の果てに、尼になろうと尼寺を訪ねます。

ところが、「尼は寺から逃げればいつでもやめられるが、母親はやめることができない。尼になりたければ、その前に母親になりなさい」と諭されます。

そして艱難《かんなん》辛苦の末、結婚し、二人の子どもを育て上げます。やがて仏門にはいり、「心の障害者になってはならない」と、多くの身障者救済のために生涯を捧げられたのです。

順教尼が八十歳で亡くなるすこし前に、石川洋さんが「今、望まれることは」とたずねると、「三つ願いがある」と答えたといいます。

一つは、弘法大師と同じ日に死にたい、もう一つは、死んだらすぐあの世へは行かず、人が三途の川を渡るお手伝いをしたいというものです。

そして、三つ目の願いを読んだとき、僕はあまりの衝撃に絶句しました。

「もしもう一度命を与えていただいたら、私は両腕なしで生まれてきたい」

そう答えたというのです。

「手があれば嫌な欲が出てくるでしょう。だからやっぱり手なしで生まれてきた

い」

そうきっぱり語ったそうです。欲を離れて、初めて知る努力と忍耐、そして無我の境地に至るまで、多くの教えを残してくれた人です。

苗さんは、すこしでも欲が出ると体が変調をきたして、何度もつらい思いをしたり死ぬような目に遭ったため、生きていくうえで何を大切にするかがわかったといいます。

今、苗さんが久高島の案内をしながら伝えていることは、当たり前のようでいて、人間にとってもっとも大切なこと、それを忘れないように「あ・い・う・え・お」で表し、それを毎日実践するという教えなのです。

「あ」は、ありがとうの心です。

他者への感謝と自分への謙虚な気持ちがあれば、自然に出てくる言葉です。

「い」は、いたわりの心です。

自分自身をねぎらい、相手もいたわって過ごすと安らかな気持ちになります。

「う」はウソをつかないことです。

他人に対してだけでなく、自分にも正直になることです。ウソをなくせば誠実な人生が歩めます。虚栄や傲慢《ごうまん》な心から離れて、素直な心を取り戻すことができます。

「え」は笑顔でいることです。

「笑い」は、人間にだけ与えられたすばらしい特効薬です。自分も相手も幸せにする笑顔、いつも笑みを絶やさずにいると、幸せは向こうからやってきます。

「お」は思いやりです。

人の気持ちを思いやるということは、想像力が必要です。相手の立場に立つということ、自分でなくて、他人のことを第一に考えること――それは子育てにも通じ、社会をうまく生き抜くことにも通じます。「思いやり」は、大局を見渡す視野の広さを育てるのです。

夢がかなうと、次の波がやってくる

人知を超えたものに試されている畏れ

苗さんの不思議にふれた晩、満天の星を眺めていると、故郷の星を眺めていたころを思い出しました。

星を見るのは、久しぶりだと思いました。最近、空を眺めていない暮らしをしていたなあ、とふと気がつきました。

苗さんのお話を聞きながら、わからない、わからないと思っていましたが、考えてみると僕は、幼年時代の田舎暮らしの中で、大自然は人知を超えた神のような大きな存在によって支配されている、ということを肌で感じてきました。

はっきりと言葉では説明できませんが、「人知を超えた何か神のようなもの」という感覚は、きっと子ども時代のほうが敏感だったのでしょう。

遊びに夢中になって山の奥深くはいり込んだときなど、「ここから先は行ってはいけない」と突然怖くなったり、連れていった犬がクンクン鳴いて怖《お》じ気づくような場所があったりして、何か大きな力に圧倒されるような思いをしたことがありました。

それは、自然と共存していたからこその感覚で、都会暮らしに慣れた今の子どもたちには、あまりピンとこないことかもしれません。

たとえば、大きな魚を追いかけてどんどん川の深みへ潜っていって、とうとう追い詰めていざ捕まえようとしたときのことです。せっかく目の前にいる大物なのに、その悠然とした様子がこの谷の主《ぬし》のように見えて、手が出せなくなることがありました。

ちっぽけな人間の立場をわきまえて、踏み込んではいけないところへは近づかないという暗黙の了解のようなものが、確かに存在したと感じます。

もしかすると、その大きな存在は何か人知を超えたものであり、宇宙をつかさどる神のような見えない力だったのではないでしょうか。

子どもごころに感じた見えない力への思いは、成長とともにいつのまにか薄れてはいるものの、僕の中に忘れられない感覚として残ってるんや……。

大人になって、僕はあれこれ事業を始め、がむしゃらに突っ走ってきましたが、長年の夢だった店をもつようになっても、まだ、「たどり着いた」とは思えません。

「このままいったら、たぶん本を出すぞ」と言っていると、一年もしないうちに出版の話が来て、実現しました。商売がうまくいったとき、けっこうなお金を手にしました。でも、儲かれば儲かるほどに山あり谷あり、壁にもぶつかってまた悩むといったことの繰り返しで、僕が欲しいのはお金じゃないと気がついたけれど、だったら何が欲しいのか……。

まだわかりません。僕はまだ、道の途中にいる人間なのです。

夢がかなって幸せというよりも、やるべきことややりたいこと、使命感がどんどん出てきて、さらに力を出さなくては乗りきれないという次の波に挑戦せざるをえないのです。なんだか潮の流れが押し寄せてくるような、用意されたカラの船に乗らなければいけないような、不思議な気持ちにかられるのです。

僕はこれまで、目の前の仕事に一生懸命で、努力して自分の未来をつくっている気になっていたけれど、もしかしたら用意された未来の役割を担えるかどうか、今の自分が試されているのかもしれない、とも思えてきました。

苗さんとの出会いで、もやもやがすこし晴れた気もしています。

「たしかにいろいろな試しがやってくるということは私自身、何度も感じました。うまくいきかけると失敗する。ぼちぼちやるとまた流れはじめる。その繰り返しです。まんまとだまされて悔しい思いをしたこともあります。だけどね、そうすることによって心が養われていくんです。

中村さん、そんなふうに、一人の人間の意思だけでは動かせない何かが働いていることもあるのよ」

こうして人知を超えた大きな存在とつねに対話することが、苗さんにとっては「普通」のこと。そこには僕の尺度ではおよそ測りきれない何かがあります。この何かに、僕は自分を高めてくれるものを感じずにはいられないのです。

自分の尺度で測れない人に出会ったとき、わからない、理解に苦しむなどと、一方的に敬遠し、心のシャッターを下ろしてしまうとしたら、そんなもったいないことはない。

今、僕はつくづくそう感じています。

命とは、地球をつなぐでっかいご縁
千年先の未来を祈るから、「さようなら」はない

翌朝、苗さんがもう一度、鶴亀の祈りを捧げる場に案内してくれました。不思議な感覚に包まれたまま、僕が何を祈ろうかと思っているのを見抜いたように、苗さんは言いました。

「ここはね、昨日言ったとおり、千年先の未来についてお祈りする場所よ。中村さ

んが、千年先の未来に祈りたいことを、お祈りしてください」

初詣《はつもう》でやお参りで普段祈ることは、自分のことが多いはずです。べつに自己中心的でなくてもそうでしょう。

「夢がかないますように」

とお祈りするのは自然なことです。自分以外のことを祈るといっても、たいていが家族や恋人、友だちなど、狭い範囲であることは確かです。

しかし千年先となると、スケールがブワッと大きくなります。

他人のために祈るということは、島全体、国全体、ひいては世界を祈るということです。

久高島には、祈りを迎え入れる聖地もあります。

久高の聖地から出た祈りが、地球を一周してまた原点に戻ってくるというのですから、これは自分たちの繁栄を願うだけではなく、広く地球レベルの願いに通じています。

僕も千年先に向かって、でっかい祈りを捧げました。

「命がつながり、また戻ってくる」という観念から、久高島には「さようなら」という言葉がありません。お別れの挨拶《あいさつ》は「いってらっしゃい」だそうです。めぐりめぐってまた元のところへ戻るという考えから、一人の人生は短いけれど、子々孫々はずっとつながっているということにも通じています。

命ほど壮大なご縁はありません。

祈り一つとっても、「今日はいいことがありますように」ではなく、「千年先まで繁栄が続きますように」という遠大な未来に向けた希望があります。

島の人たちが明るく助け合い、誰もが仲間と感じられるのは、お互いの幸せを祈り、世界の幸せを願っているからでしょうか。

僕も「いってきます」と島を発《た》ち、「いってらっしゃい」と、苗さんに見送られました。きっとまた、島へ帰るときがあるでしょう。

第6章

人生の師と友との出会いが原点

自分を一生褒めてくれない、そんな人と出会えた幸せ

「大嫌い」だけど「大好き」、そして必要な人こそ師匠

「人との出会いやご縁を大切にして、でっかく生きたい」

それは、本書の主旨でもあり、僕のモットーのようなものですが、僕が今までそう思ってきた原点は、人生において「師」と仰げる人と、まるで同じ魂をもっているかのような「友」との出会いだと思っています。

まず、人との出会いの中でも、自分を本気で怒ってくれる人と出会えるかどうかは、その人の人生を左右するほど大きなことだと思います。

というのも、前著でも本書の最初でもふれたように、僕には若いときはもちろん、今もなお自分を本気で怒ってくれる、人生の師匠、田端俊久さんがいるからです。

この師匠と出会えたことで今の僕があるということを、毎日のように思い知らされています。

先にもすこしふれましたが、師匠との出会いの場は、僕がたまに出入りしていた焼き鳥屋です。当時の師匠は、果物、野菜の行商をしていましたが、自分の大きな

事業構想を熱く語ってくれました。

その話がもつロマンと彼の人柄に惹《ひ》かれた僕は、その場で弟子入りすることを決心したのです。

しかし師匠は、けっして弟子を褒めず、むしろボロクソにけなし、メチャクチャな怒り方をする人でした。自分の考え方を押しつけるような部分もありました。

僕といっしょに師匠のもとで働いていた仲間の中には、「今日こそ殺してやる」と、ほんとうにアイスピックをポケットにしのばせていた人間もいました。

僕らはそういう師匠のもとで、追い詰められることも多々ありました。

たとえば師匠は、ある日突然、「おまえは三か月間、これをしろ」と、きつい仕事をさせることがありました。お店のあるビル全体のそうじや、駅から店までの通りのゴミ拾いといった仕事でした。

僕らは、もっとかっこいい仕事を六本木でしたくて一生懸命頑張っているのに、急にそんなことを言い渡されるのです。

しかし、師匠の言うことは絶対命令です。「なんでおれが……」と思いながらも、「きっとこれにも意味があるのだ。三か月間の辛抱だ」と思い直して、従いました。

ところが、期限の三か月が目の前に迫ったとき、師匠に呼びつけられるのです。

「おまえはまだ全然ダメだ。そうだな……もう三か月、この仕事を続けろ」

弟子のほうにしてみれば、「三か月だから」と思ってやってきて、「これが終わったら、またあの仕事をやって……」などと自分の中で予定を立てていたわけです。それがまた突然、くつがえされるのですから、たまったものではありません。

「なぜですか。僕は頑張ってやったし、別のあの仕事もやりたいし」

失望まじりに驚き、つい、自分の都合を並べ立ててしまいます。

すると、師匠は涼しい顔で言うのです。

「おまえは中学生と同じだな。つらかったり、嫌だったりしても、中学三年の三月には卒業できるからと思って学校に通う。でも、卒業間近に急に環境を変えられると、おのれの本性が出る。吐き出す言葉が、おまえの本性だ。本性がやっと出たな」

そしてさらに、こうたたみかけます。

「吐き出す言葉はおのれの心、今のおまえはものごとに取り組む動機がなってない。よく聞け！　その人の心のあり様がこの世においてすべての現象と結果をつくり出すんだ。人の成長の基本は、素直な心と謙虚な姿勢!!」

じつに厳しいことですが、師匠に同じことを言い渡されたとき、逆に、

「わかりました。自分の修行が足りなかったので、続けてやらせてもらいます」

と潔く返事をすると、「よし合格!!」と今日でこの仕事は終わりにしていいと言われます。そして、それまでの二ステージ上ぐらいの仕事をさせてもらえるようになるのです。

結局、師匠は、単に作業をさせるためにその仕事を与えたのではなく、その弟子が屈辱だと思ってやるか、それとも与えられた自分のための修行だと思ってやるか、その心持ちを試しているのです。

そして、その心持ちは、追い詰められたときに、口をついて出てくる言葉に表れるというわけです。

「おまえの魂のレベルが上がるかどうか試した」

という言葉が口グセでもありました。

そんなとき僕らは、「ああ、この人には勝てない」と心底思い、力関係を思いきり見せつけられます。師匠は、「大嫌い」だけど「大好き」、そして「必要な人」な

のです。

メチャクチャ厳しいことをやらされ言われるけれど、言葉には表せない絆《きずな》ができます。だからこそ、「この人に認められたい」「この人のために一肌脱ごう」という気持ちが起こるのです。

今でも師匠はこう言います。

「人が成長するには父なる厳しさと母なるやさしさが必要なんだ。今、おまえはいろいろなところで認められ、ときには尊敬してもらっている。それはそれでいいじゃないか。でも、おまえのことを真剣に叱《しか》る人はめったにおらんだろう。だから、おれはおまえのことは一生、褒めん。

一人ぐらい、本気でおまえのことを怒るヤツがおったっていいじゃないか。おれはタバコも吸わんし、酒も飲みに行かん。そして大自然の中で暮らしている。夜更かしもしない。だから、おまえよりもきっと長生きする。おまえは一生、おれの呪《じゅ》縛《ばく》から離れられん」

笑いながら言うのを聞くと、僕のことを本気で考えてくれている師匠の真意にふれた気がして、僕はジーンと目頭が熱くなるのです。

僕は今まで、師匠に怒られないように、というと語弊がありますが、要は、師匠に恥ずかしくない生き方をしたい、認められたいという思いで、これまでやってきました。

今でもそれは変わりません。だからこそ、ここまでやってこられたのだと思います。

最近、企業でも、「部下の気持ちがわからない」などと悩む上司が多いと聞きます。部下をコントロールする「コーチング術」なるものも、もてはやされています。しかし、上司のほうが自分の都合などかなぐり捨て、部下に本気で向かっていかなければ、部下はついてきません。「好き・嫌い」「合う・合わない」ではないのです。

もっと大切なことは、「この人のために」と思わせるような何かを、上に立つ人間がもち、それを伝えることだと思います。

二十四時間以内に『ロード・オブ・ザ・リング』三部作をイッキに見る

「見たい」を「見る」「見た」に変えるのが出会い力

師匠から電話がかかってきたある日のことです。

いつものように叱られるのかとどきどきしながら出た僕は、出し抜けに聞かれました。

「おまえ、『ロード・オブ・ザ・リング』という映画を見たことがあるか」

みなさんごぞんじの、イギリスの古典的ファンタジーを映画化したもので、アカデミー賞をとったりしてたいそう話題になっていました。ちょうど、第三部の完結編が公開されたころです。

僕はあっちこっち飛び回っていて、映画館にはしばらく行っていませんでした。だいたい、超大作ですから、まず一部と二部を見るだけでも六時間はかかります。

そんなわけで、正直に「見ていません」と言うと、師匠は、

「重要なメッセージがたくさん込められたすばらしい映画だから、時間があるときに見ておいてくれよ」

そう言って、電話を切りました。

わざわざ電話をしてきて言うのですから、意味があることでしょう。

こうなったら「どれだけ早く見るか」を試されていると思うのが、行商時代に叩《たた》き込まれた僕の感覚です。

そのとき午後二時。山口にいたのですが、講演のため、夕方には広島に移動することになっていました。さっそく宿泊予定のホテルに電話です。

「今夜お世話になる中村と申します。えらい無理を言ってすんませんけど、部屋にビデオはありますか？　え、ない。なんとか用意してもらえまへんか。どうしても、見ないとあかんもんがあって」

わりに小さなホテルだったせいか、フロントはていねいながら、「そこまでなかなかサービスはできません」というような返事をしてきます。そう言われて引き下がるわけにはいきません。電話口で情熱作戦開始です。

「電器屋でビデオデッキ買っておいてくれたら、お金は払います。お礼もします。従業員さんの控え室にあるのを、一晩貸していただくだけでもいいんです。なんとか、なんとかお願いします！」

フロントのお姉さんから支配人のような男性と電話の相手が何度か替わり、しばらくしてかけ直したりして、ようやく準備してもらえることになりました。

講演が終わると、僕はホテルに直行し、さっそくビデオを見はじめました。大事なメッセージがあるというから、寝転びもせずにメモをとりながらです。

ほとんど徹夜で二作のビデオを見終えたあと、映画館の、朝一番の回にすべり込みセーフ。

眠い目をこすりつつ、「おもろい映画やー」と見終えたのが午後一時でした。師匠に「見ておけよ」と言われてから三部作すべてを見るまで、要した時間は、二十四時間弱という〝快挙〟を遂げました！　師匠にさっそく電話をしますと、

「合格!!」

と一言、返ってきました。

「映画に出てくるホビット族が、僕には、日本人を象徴しているように感じられました。世界の平和を率先して担うことが、二十一世紀の日本人の使命かもしれません」

そう感想を述べますと、

「和をもって尊しとなす日本の心と、あの物語はどこか似ているなあ」

と師匠も言っていました。

みなさんは普段、

「なんか、おもしろい映画ない？」

「最近、おすすめの本は何？」

そんなふうに人にたずねて、「うーん、あの映画がよかった……」などと教えてもらったあと、実際に、百パーセント見ているでしょうか？

結局、聞いたときには、「見たい」と思ったけれど、その場の話だけでおしまいということは、ないでしょうか？

「見たい」を「見ます」に、さらには「見ました」に変えていくのも、大切な出会い力の一つです。

せっかく尊敬する人や〝なつきたい〟と思う人にすすめられたものをそのまま放っておくようでは、出会いを、真の信頼関係、ご縁につなげていくことは難しいでしょう。

逆に、自分がすすめた本などを読んでもらえなかったとき、僕は、「自分の人間力が足りなかったんや」と思うことにしています。けっして、読んでもらえなかったと、恨みに思ってはいけません。

自分は花さかじいさんのように、情報をどんどん惜しみなくまき、それをどうするかは、受け取った人におまかせする。

ただし、自分が受け取る側に回ったときは、その情報のタネをちゃんと育てる。

これが僕の、ご縁の、「基礎体力づくり」です。

大人の本気が若者を変える

無気力青年のやる気をかき立てた師匠流・ショック療法

師匠の一見、手荒いやり方が、僕以外の人にも功を奏した例をお話ししましょう。

あるお母さんが、息子のことで悩んでいました。

父親が事業に失敗して借金を抱え、お母さんも必死に働いている状況だというのに、二十五歳になる息子は親を助けようとも働こうともせず、屁理屈《へりくつ》をこねて社会批判ばかりして、家に引きこもっているというのです。

今の日本ではよくある話です。僕は師匠といっしょに、ある家に夕食に招かれていて、そこにお母さんが息子さんを連れて相談に来られたのです。

そこに現れた青年は、最初から斜に構えて、出された料理には箸《はし》もつけません。お母さんは、礼儀としていちおういただき、「おいしいですね」と社交辞令でも言ってほしいのですが、彼は「いらない」の一点張りです。

師匠はいろいろ話しかけて、うまく青年の口を開かせました。彼は、何が気に入らないか、なぜ家にこもっているかなど、自分勝手な理由を理路整然としゃべりました。

「そうか、あんたもあんたなりにいろいろ悩んでいるんだな」

師匠は、彼と周波数を合わせて話をしているのです。

かつての師匠だったら、「何、言ってんだ、おまえ！」などと怒鳴り飛ばしたでしょう。横でいっしょにご飯をいただいていた僕は、「師匠も気が長くなったなあ」と思いながら、ただやりとりを聞いていました。

「今は家族一丸となって、頑張ってみたらどうか。あんたも若いんだし、男なら、すこしは家のためにと一肌脱がないとな」

そんな話をする師匠に、青年は多少共感を覚えたようで、素直に話を聞いていました。ところが、僕らの帰り際、玄関で彼は、

「あんたが先生と呼んでいる人も、僕の考えに共鳴してるだろ。わかった?」

とバカにした口調で母親に言い、さらにその頭を軽く叩いたのです。

それを師匠は見逃しませんでした。突然、今までのやさしさからは想像もつかない大声で、

「こらーっ! 親に何をする!!」

といきり立ちました。スイッチオンです。

「きさま、何様のつもりだ!! おれが今日、どれだけ下手に出て、『自分は頭がいい』と思い込んでいるおまえに、どれほど合わせてやったか、わからなかったか! そんなことも読めない子どもが、わかったような口をきくんじゃない」

怒鳴りつけられた青年はムッとして、また屁理屈を言いはじめました。そのとたん、師匠は彼の首根っこをつかむと、そのまま床に押し倒し、グーッと押さえつけました。

「まだわからんか! このまま首を絞めたら、おまえ、二分で死ぬぞ。こんな事態

になるとは予測もできなかっただろうが！　それが今のおまえの能力なんだよ。分を知れ」

それでも青年は、半べそをかきながら、とぎれとぎれに屁理屈を述べます。

「暴力は反対です。自分の親にもこんなこと、されたことないのに……」

こんな言い訳が、師匠に通用するはずがありません。

「本気でやるというのは、口先や頭だけじゃいかんとたい。行動が伴わんと。なんでもいいから、家のために稼いでこい。それがおまえの役割だ」

家に引きこもっていた青年も、本気で叱ってくれる大人と出会い、積極的に生きることに目覚めたのです。

師匠は、青年の資質と可能性を見越して、体を張って対峙《たいじ》していたのです。それだけ自分の確固たる信念をもち、揺るがない――それがわが師匠です。

叱られた青年は、心に響くものがあったのでしょう。屁理屈を言うのをやめ、

「あなたに言われたからではなく、自分の意思で明日から仕事を探します」

という言葉を残し、すっきりした顔で帰っていきました。

六本目の指が教えてくれる

体の障害も人生の難関も、なんらかのメッセージ

生きているうちには、思いどおりにいかなかったり、思いもかけない問題にぶち当たったりすることがあるものです。そんなとき、パニック状態に陥ったり、「たいへんだ」と悩みを抱え込んでしまったりする人もいるでしょう。

僕は若いころから、目の前で何か問題が起こっても、むしろそれをメッセージと受け止めてきました。

「よし、メッセージが来たぞ。これを乗り越えれば、今よりもっとかっこいい男になれる。悩むことなんかない。乗り越えるのみ」

悩みや愚痴を十人に話したところで、解決しません。逃げても逃げても、その問題からは逃げきれません。

だったら、一やってダメなら五やる、五やってダメなら十やって乗り越えることです。そうすれば、もっとかっこよくなれるのだと、僕は受け止めています。

この僕の姿勢も、じつは、師匠から学んだことです。

師匠には、六人の子どもがいます。そのうちの一人の息子さんは、生まれながらにして足の指が六本あります。

その子が生まれたとき、お医者さんが言いました。

「現在ではこんなことはいくらでもあることです。生まれたばかりの今、本人もわからないうちに、ちゃんと手術できますから」

普通の親なら、ほっとして、「では、お願いします」と言うところでしょう。でも、師匠は違いました。お医者さんに向かって、

「この子は意味があって六本指で生まれてきたのだから、六本指のまま育てる」

ときっぱり言ったのだそうです。

その息子さんは、十歳を越えた今、足の指が六本だからといって、いじめられることもなければ、自分自身、気にすることもないといいます。

それは、「子どもが六本指で生まれてきた」という事実に対して、親である師匠が、じたばた騒ぐどころか、「これはこの子と自分たちに与えられたメッセージだ」と受け止め前向きに生きたことに起因するのでしょう。

僕も、そういう師匠の背中を見てきたから、何か難題にぶち当たっても、「これ

は何かを教えてくれるメッセージなのだ」と思えるようになったのだと思っています。

ものごとは、すべて受け止め方によって、百八十度、変わるものです。

難題を「悩み」と受け止めるか、「メッセージが来た」と受け止めるかで、気持ちも対処法もまるっきり変わります。考え方、とらえ方一つで、ものごとはいいようにも悪いようにも転がるのです。

ですから、僕は、失敗も恐れません。失敗しても、そこからドラマチックに這《は》い上がればいいのです。

子どもや孫にも、「おれはこうやって大成功したんだ」という話より、「おれはこんな失敗をした。でも、あきらめずに、こんなふうに這い上がったんだ」という話をするほうが、何倍も勇気づけることができると思います。いわば人生のネタづくりです。

生きざまを語るのなら、「石橋を叩いて、失敗しないようにやってきた」というより、失敗から這い上がったストーリーのほうが、むしろいいと思っています。

「神は、その人に越えられない試練は与えない」とよくいいます。

何か問題が起こっても、それは自分に与えられたメッセージだから、ただ乗り越えるのみ――。そう思うと、勇気が湧いてくるのです。

人生の真価は、葬式に現れる
自分が生きたストーリーを子孫に残す、命のリレーをしたい

この本では、親子関係の話を多くしてきたような気がします。巨大な師匠にも当然、親があり、お父さんは学校の教師をしていました。

亡くなったとき、お葬式には、過去の教え子たちが全国から約八百人集まってくれたそうです。そして、口々に「田端先生は厳しく、よくなぐられたけど生徒思いだった。先生にめぐり合わなければ、今の自分はない」などと、涙ながらに話していたということです。

それもそのはず、師匠の父親は、おじいさんと喧嘩《けんか》して途中で仕送りがなくなり、大学の学費を払えないため、アルバイト先で、わざと機械に自分の左手を入れて指を三本失い、労災や身体障害者補助金をもらって学校に通い、教師になったという

人です。

自分の指を失ってでもなりたかったわけですから、今の学校の先生に失われた教師としての情熱と誇りという確固たる考えをもっていたでしょう。そして、自分の手を掲げながら、子どもたちに本気で生きることを教えたに違いありません。

お父さんの葬儀のとき、師匠はある事業に失敗して、どん底にいたそうです。

しかし、父親がこの世に存在していた意味や、この世に生きてきた価値のようなものが、答えとして出ていたのを感じ取ったといいます。

「親というのは、子どもにとってベストなタイミングを見計らったように死ぬものだ。この人の子どもとして、自分も、今頑張らないで、いつ頑張るのか」

師匠は、父親はあのお葬式を自分に見せてくれたのだと思ったそうです。

企業の部長さんなどが現役時代に亡くなった場合、関連会社からたくさんの生花が届き、参列者も多い、派手なお葬式になるでしょう。ところが、退職したあとに亡くなった場合、いったいどれだけの人が集まってくれるでしょうか。

遺族が寂しくなるようなお葬式もあるようです。

「先《ま》づ臨終の事を習うて後に他事を習うべし」

と言ったのは、日蓮聖人です。よい死にざまはよい生きざまによってつくられる。まずは臨終のときの自分をイメージして、今どう生きるべきかを考えるということです。それでは、今、何を大事なこととしてとらえるのか。通帳に貯金を残すために生きているわけじゃない。もし子どもに残すものがあるとしたら、それは自分の生きざまだと思います。師匠がお父さんのお葬式で感じたように、

「父親（おじいちゃん）の生きざまはこうだった。そのＤＮＡが自分にも備わっている。だから、自分だって頑張れるんだ」

と、そういうバトンリレーをしていくことだと思います。

僕が屋久島で日高岳南さんの屋久杉の火鉢を買ったのも、その思いを二百年後の子孫にも伝えたかったからです。

死ぬときは、経験すべきことは経験し、見せなくてはいけない背中は見せてきたという満足感をもって死にたいと思います。

ちょっとかっこいいことを言いすぎるようですが、僕が今、いろいろなことを経験し、勉強して、自分のレベルを上げようとしている根源は、まさにこの「先づ臨終の事を習うて後に他事を習うべし」という思いなのです。

僕は、貯金を残すためや、畳の上でぽっくり死ぬために生きているのではありません。**自分が生きたストーリーを子孫に残すために生きているのです。**

そのために、「儲《もう》かる・儲からない」などということ以前に、「なんのために自分が生きて、なんのために仕事をするか」という座標軸をもっていたいと思っています。その座標軸がないと、人の生き方、人生の進路はぶれてしまうのです。

成功者より、成功の途中にいる人でありたい

折にふれ、肝に銘ずる河中語録

僕には、田端さんのほかにも、多大なる影響を受け、学ばせていただいている人がいます。その一人が、冒頭でもご紹介した中川電化産業(株)・代表取締役の河中宏さんです。

河中さんは、兵庫県西宮市の芝居小屋の前で、一本何十円かのイカのゲソを揚げる仕事から始め、今ではタイマースイッチなど家電のさまざまな部品をつくる会社を経営しています。その会社の支社は、中国、韓国、スペインなど、世界各国にあ

ります。

まさに一人でゼロからやってきた河中さんは、一般にいわれるセオリーどおりの人ではありません。独特の河中セオリーをもっています。

「一日百万稼ぐ目標をつくれ！」

河中さんは、腕一本でやってきた本物の事業家ですから、事業家の心構えについて、よく話されます。この言葉も、その一つです。ただ、一日百万稼ぐ方法を考えることが大事であって、百万に到達しなくても、「一日五十万稼いだら、かなりなもんやろ？」と言っています。窮屈に考えず、懐が深いのです。

「『下請けだから』と遠慮はするな」

河中さんは、各国に工場をもっていますが、あるとき、韓国支社の社長が、「発注してくれる大手メーカーが値下げを要求してきたから、交渉に応じようと思う」と相談してきました。普通は、取り引きを停止されたらおしまいだからと、ギリギリの線で値下げ要求に応じるのではないでしょうか。

しかし、河中さんは、逆に二割ぐらい値上げさせました。当然、大手メーカーとの取り引きは中止になりましたが、河中さんの言い分はこうです。

「メーカーは、ほかの下請け会社に発注するだろうが、他社はうちほどの生産ラインももっていないし、製品のよし悪《あ》しからいえば、うちがナンバーワンだ。やがてはお客様からクレームがつき、メーカーは結局大損して、『やっぱり河中にお願いします』と向こうから折れてくる。そのとき、二割上げた金額で交渉ができる。下請けだからと遠慮しちゃいかん。自分の仕事に自信をもたんか」

その読みどおり、三、四か月で大手メーカーと取り引きが回復し、しかも二割値上げのおかげで、赤字分を挽回《ばんかい》したそうです。

そんな河中さんは、誇り高く生きることを大切にしています。

「シェパードに従うポチになるな」

日本は、アメリカというシェパードに従うポチになるのではなく「お金を出して、番犬を雇っているのだ」と堂々と言えばいい、これも河中さんの持論です。この論は、いろいろに応用して考えられます。たとえば、社員は会社に従うポチではなく、自分の仕事を誇り高く一生懸命やっていれば、強いシェパードを使うことすらできるはずです。

河中さんの誇りは、たしかな自信があってこそ、生まれます。

「経営者はよその株を買うな」

経営者たるもの、なぜよその会社の株など買うのか。人の株を買うぐらいなら自分の株を買わんか。自分の経営に自信がないのか——。

考えてみるとたしかにそのとおりです。自社に自信がなくて経営などやっていけない、ということでしょう。まがりなりにも同じ経営者として、僕もハッと気づかされます。

「五十年で集大成せよ。二十代＝体を鍛える。三十代＝勉強する。四十代＝スタートする。五十代＝つぼみをつける。六十代＝花を咲かせる。七十代＝実らす。八十代＝収穫」

河中さんは、僕によくこう言います。「焦って短い銃身の鉄砲をつくったらあかん。銃身の短い鉄砲は命中率が悪い。だから、じーっと自分の中で蓄えをつくり、経験を積んで、一発で的のド真ん中を打ち抜くような、長い銃身の拳銃をつくれ。それが成功だ」

どっしりと腰を据え、長いスパンでものごとを考えて、そのための土台づくりをしっかりしろということです。事業や仕事に限らず、人生においてもいえることだと思います。

「『男を磨く』というけれど、磨くのではまだ足りない。研ぐのだ」

これも、「五十年で集大成」に通じる、僕が肝に銘じている言葉です。

「私は成功者ではない。成功の途中だ」

河中さんは、ある講演で、「○○で成功を収められた河中社長です」と紹介されて、怒ったことがあります。

「勝手に決めるな。誰が成功したんや。おれはまだ成功の途中や。成功なんて誰にもわからない。その人間が思っている価値観によるものだ。成功したかどうかなどということは、たぶん死んだあとに、人が勝手に評価してくれるだろう」

これも、ゼロから苦労していろいろなものをつかみ取ってきた河中さんならではの、生きた言葉だといえるでしょう。

「失敗は何度もした。ただ挫折《ざせつ》しなかっただけだ」

河中さんは、失敗はいくらでもしていい、ただしあきらめた瞬間、失敗は挫折になるのだといいます。あきらめないかぎり、可能性はゼロにならないから、自分は一度も挫折をしなかったのだと断言するのです。

河中さんは、七十歳を過ぎた今でも、よく高校生など若者に話しかけては輪の中にはいり、彼らと同じ目線でいろいろな話をしています。その光景を見ていた僕が、「すごいですね」と言うと、河中さんは言いました。

「何がすごいんや。おれはあいつらからいろいろ教えてもらっていたんや。もう自分は七十歳で、十八歳の気持ちがわからない。でもおれは事業家だから、十八歳の子たちが喜ぶものをつくり出さなきゃいけない。勉強なんや」

「敵を減らそうとするな。友だちを増やせ」

人間関係に悩む若い人には、河中さんのこの言葉が効くでしょう。

また、海外に行けば、「国民の求めているものがわかるかもしれないから」とデパートやコンビニにちょくちょく行き、通りがかった人にも、「今、生活で何が不自由しているか」「どういうものを幸せと考えるか」などと話しかけます。

しかも、そういうことを、河中さんは、単なる情報収集のためではなく、自分自身の興味や好奇心でやっているのです。ビジネスのためではなく、人間が生きていくうえで人を知るということの大切さを、折にふれ、河中さんからも僕は教えてもらっています。

雨風を受けて根を張る草々の種に秘めたる花の確かさ

修養団でいただいた言葉で「心の背筋」が伸びる

僕が大きな影響を受けた人に、財団法人・修養団の伊勢道場長である中山靖雄先生がいます。財団法人・修養団は、今から百年前に、蓮沼門三氏が、日本人の心の修養のためにつくった教育組織です。

当時、日本は日清戦争、日露戦争などで勝利し、どこか増長していた時期でした。そんな中、蓮沼氏は、日本人は本来、攻めて領土を広げていく国民ではなく、むしろこんなときこそ心の中に大事なものを養っていかなくてはならないと、修養団の設立を思い立ったそうです。

蓮沼氏は、数々の教育機関や公共事業の支援に尽力した実業家・渋沢栄一氏に、六畳の部屋を一周するほどの長さの手紙を書いて送り、その考えに共鳴した渋沢氏が、今でいう何億という資金を出したそうです。その後も、数々の事業家がバックアップし、全国にいくつもの道場ができたのです。

伊勢道場はその一つで、企業が会社ぐるみで研修に来たり、個人のビジネスマンも、ご年配の方も通ってきたりします。また、子どもたちを集めてキャンプなども行っています。キャンプでも、時間を守ることや履き物をそろえることなど、子どもたちに、遊びの中にも規律があることを教えているのです。

いくつかの研修の中でも、とくに過酷なのが冬の夜に行われる水行です。冬の夜十時、それこそふんどし一丁のような姿で五十鈴川にはいって歌います。僕も何度か参加していますが、草履の裏に小石が凍ってくっつき、風が吹くとズンズン痛いくらいの極寒の中で行われます。これに、七十歳過ぎのご婦人も参加していてびっくりしました。

水にはいる前は、「ほんとうにやるのか?」と不安で、できない理由がいっぱい出てきます。冷たいから心臓に悪い、こんなことをしてなんになるのか、アホじゃないか……。

それでも、みんなで「はいる」と決めてはいると、凍えるような水の中にでも、はいれるものなのです。

そして、川から上がったあと、ストーブをたいた暖かい部屋でお茶を飲んでいると、体の中からジンジンと、感覚と暖かさが戻ってくるのを感じます。一度冷えきったものが戻ってくるとき、これが自然の治癒力なのだと感じさせられます。そして、さっきまで「とても川にははいれない」と言っていた人たちや、七十歳過ぎのご婦人もいっしょになって、

「今までの私らの人生、やりもしないうちからできない理由ばかり考えて、逃げてきたことだらけだったんじゃないかしら。肚《はら》をくくってやってみたら、なんのことはない、これだけのことだったんですね」

と、みんなで笑って語り合うのです。

はいろうかどうかためらっているとき、水際には、「できない理由」でできた、目に見えないラインがあるようです。

「この真冬に、寒そう……」

「風邪を引いたらどうしよう」

しかし、水行はできないと思っていることを克服する研修です。みんなで気合いを一発入れ、ラインを越えて水にはいると、「誰にでもできるんだ」とみんなが気

づき、笑顔でいっぱいになるのです。

道場長の中山先生は、『テレビ寺子屋』などにも出演して活躍し、全国にたくさんのファンがいらっしゃいます。修養団の伊勢神宮御垣内参拝という正式参拝にも出かけられ、修養団が出す機関誌にも、毎回、寄稿しています。

僕は中山先生にぜひ会いたくて、知り合いに紹介してもらって訪ねました。先生は初対面なのに僕の話をいろいろと聞いてくれ、その後、書いてくれた言葉があります。

「雨風を受けて根を張る草々の種に秘めたる花の確かさ」

雨風を受けても、根をしっかり張って頑張っている草々がある。あなたにはあなたの種がある。あなたはあなたの色の花を咲かせる。そのために今、雨風の中で頑張っているのだ——。そういう教えでしょう。僕が今でも大事にしている書です。

「過去が咲いている今。未来のつぼみでいっぱいの今」

という言葉も忘れられないものです。過去がずっと積み重なって「今」をつくっているし、未来をつくるのは「今」である。だから、「今」の積み重ねが大事だということです。

ほかにも、「日本人には、とても美しい日本人のみたまがあり、自分の行いはそこに通じている」「お金のためではなく、自分なりに正直に生きる」「すこしパワー不足の魂が元気な魂を呼ぶなど、魂が呼び合うから『ご縁』が発生する」など、僕にとっては目を開かせてもらうような言葉を数々いただきました。

「出会いを生かせば道が開ける。『また会いたい』と思われることが大事で、それによって可能性が広がる」という話をされたこともあり、この考えは僕のモットーとまったく同じものです。そんなご縁で修養団の講師にもしていただきました。

このように、中山先生は、人の心の琴線にふれるような言葉をスパッとくれます。僕は先生に会うたび、いつも心がジーンと震える思いをさせてもらうのです。

親友のぼろぼろジャンパーに、でっかい夢がある

講演し、本を書き、「先生」と呼ばれ、それでおまえは満足か?

師匠のもとで東京で行商をしていたころ、僕といっしょに汗を流し、ともに将来を語り合っていた親友の一人に、吉越君がいます。

吉越君と僕とは、師匠のもとで修行した十八歳のころから、「今はどん底でわけのわからないことをしているけれど、いつかこういうふうになってやろう」と、いろいろな話をしていました。

「どんなことをするといいかな」「こんなことをするのはどうだろう」などと漠然と夢を語るのではなく、「未来を企んでいる」という気持ちでした。

吉越君は、師匠の会社を卒業するのも僕より遅く、独り立ちしたあとも、何をやっても今一つうまくいきませんでした。

それが今では、日本でボロボロになったブルドーザーやトラクター、ユンボ（パワーショベル）などを安価で集めてきては、船でラオスやミャンマーなどアジアの発展途上国に運び、それらを使っての農業の効率化を教えに行っています。

彼は、「まさに海援隊や。おれの時代が来た」と燃えています。相変わらず、「未来を企んでいる」と話していたころと、同じ目つきをしているのです。

その吉越君にも、僕はありがたい言葉をもらうことがあります。

僕が講演をしたり、本を出版したりしていることを知るとこう言います。

「おまえ、講演したり、本を出したりして喜んでいるのか。そんなくだらないこと、いつまでやるんだ？　そういうことをやって、『先生』などと言われて、喜んでるんじゃないぞ」

彼は、かつて純粋に「未来を企んでいる」ころの気持ちを忘れるな、「先生」などと呼ばれて有頂天になるな、おまえはそれで満足なのかと、戒めてくれているのです。

その吉越君と、先日、東京で会ったとき、彼は黒いボロボロのジャンパーを着てきました。そのジャンパーは、じつは僕らにとって思い出の深いジャンパーでした。今から十六、七年前、僕が十九歳のころ、師匠が僕ら弟子たちをスキーに連れていってくれたことがありました。そのときに師匠が、スキーのときにも普段にも着られるようなナイロン製のジャンパーを、みんなにおそろいで買ってくれたのです。吉越君が着ていたのは、ボロボロになり、背中のロゴも擦り切れている、そのときのジャンパーでした。

「おれは、今でもよくこのジャンパーを着ているんだ。古くて流行遅れで、ボロだけど特別なんだ。このジャンパーを着ると、あのころのスピリッツが蘇《よみがえ》ってきて、気合いがはいる。このジャンパーを着ていたころの気持ちを忘れたらいかん」

彼は、自分に言い聞かせるように言いました。

僕はあのころから、大分体重が変わってしまい、今、そのジャンパーはタンスの中。でも、吉越君の言うとおり、そのジャンパーを着ていたころ、師匠のところで修行させてもらいながら、「いつかこうなってやろう」「こんなことをしてやろう」と未来を企んでいた気持ちはいつまでももちつづけるつもりです。

僕も、吉越君に会うと、当時の気持ちや感覚が蘇ります。その気持ちこそ、自分の原点ともいえるものです。

気恥ずかしい思いや、涙や喧嘩、すべてぶつけ合ったかっこ悪い時代をともに過ごした仲間は、誰にとっても自分のリセットボタンであるはずです。

僕らにとっては、その気持ちの象徴が、その黒いボロボロのジャンパーでした。妻になんと言われても、捨てるつもりはありません。

「大人になると、親友って、できにくいもんですかね……？」

「悩み」と「志」で心が裸になったときにチャンスあり

吉越君が青春時代の同志なら、最近、もっとも思いを同じくしている盟友は、谷興征《たつゆき》君です。一八九三年に日本で養殖真珠を発明した御木本幸吉氏の実弟・御木本幸次氏の末えいで、有限会社・谷真珠の社長です。

真珠産業を創造した者の子孫として、脈々と流れる先祖の意思と伝統を守りつつ、新たな挑戦をつねに続けている人物なのです。

この谷君とは、地元・伊勢の勉強会で出会いました。

じつは谷君は、いろいろな事情の中で、自ら会社を創業せざるをえなかったそうです。創業者の意思と伝統を守りつつ、新たな世界へ挑戦していく彼の真摯《しんし》な姿勢に、感心した覚えがあります。すぐに谷君は、僕にとって、一目置く存在になりました。

僕もそのころ、事業で失敗し、借金まみれでお金もなかったときでした。あれこれ悩むより必死で働けと言われて当然でしたが、僕は外に出て、人と会いつづけました。

僕が店にいて何かするぐらいでは、借金はけっして減っていかないだろうし、投資は自分の頭にしかできないのだから、人に会って勉強して、もっと大きな可能性にかけたかったのです。勉強会で大阪へ行き、新しい情報を得ながら、人脈もつくって、その出会いを生かしてなんとかしたいという思いがありました。

つまり「何か変えていかなければならないけれど、目の前のことも大事」というせめぎ合いがある同じような境遇で、谷君と僕は出会ったのです。

独り立ちをしようともがき、まわりとの軋轢《あつれき》に悩み、それでも志高く、将来を見据えて切磋琢磨《せっさたくま》する――似た境遇と心意気が、二人を出会わせ、その瞬間に、無二の親友にしてくれたのかもしれません。

子どものころ、友だちができるきっかけといえば「共通点の多さ」ではないでしょうか。家が近い、年がいっしょ、好きな遊びが同じといったぐあいです。

これは大人になってもいえることで、よく遊びに行ったり飲みに行ったりするのは、昔からの友人を除けば、会社の同僚という人が多いのではないでしょうか。

年齢も似通い、同じ職場で、同じような家庭をもち、共通の上司に対する愚痴をこぼし合ったりします。

ただ、大人と子どもの違いは、「心の共通点」をなかなか見つけられないことです。子どもや若いうちは、心が柔らかでオープンです。だから、弱みを含めて感情をありのまま出し合うので、すぐにお互いの「心の共通点」が見つかります。

僕の場合、吉越君が、心が柔らかなうちに会った親友です。

ところが、大人になると体裁や立場、なんやかんや関わって、いくつも壁をつくるので「心の共通点」が見つけにくくなってしまいます。

レストランをやっていて、たくさんの人を見て思うのは、その場だけの周波数合わせをやっている人が、とても多いということです。

それだけ大人になると、すべてをさらけ出せる相手が見つかりにくく、「友だちづくりなんて無理、親友なんてとんでもない」ということでしょう。

それでも打開策はあります。それは、「悩み」と「志」です。

悩んでいるとき、どん底のとき、本音が出て人は裸になります。余裕がなくて、ならざるをえないのです。また、人生の志を考えるようなときも、その人の素が出るものです。だから、心が裸になったとき、大人になっても親友ができるのだと思います。

また、大人が親友をつくるには、時間より波長が肝心という気がします。僕と谷君は、一瞬でがちっと絆ができました。

知り合ってからの時間は長くありません。飲んで騒いだり、馬鹿話もしますが、「事業でもなんでも、小手先のテクニックじゃない。自分たちのほんとうにうちに秘めたる可能性って、なんだろう。着地点って、なんだろう」

こんなことを本気で語り合え、導き出し合えるかけがえのない存在です。

修養団の中山道場長の言葉を借りれば、谷君と僕は、まさに「魂が魂を呼んだ」とでもいうべき出会いでした。

第7章

身近な人こそ大事にしたいご縁

「人生の一大事」は、いつか笑えるネタづくり
引きこもりの子と、ベッドの下に潜って語り合った二時間

今まで書いてきたような「でっかい」人たちとのご縁は、すこしずつ僕をでっかくしてくれるでしょう。しかし、どこにでもいる、小さなことにくよくよしているような子どもや大人、また店のスタッフや家族も、僕にとってはかけがえのない「ご縁」をもつ人です。

最近、全国各地で、子どもの不登校や引きこもりで悩む親御さんから、よく相談を受けます。

僕がなんでも開けっぴろげで、自分のみっともない過去もドジも全部さらけ出してしまうからでしょうか、親御さんたちも隠さず飾らず、悩みを打ち明けてくれます。

そんな親御さんの一人、あるお母さんが、僕を訪ねてきました。

引きこもりの中学生の息子が、母親とも誰とも口をきかず、自分の部屋から一歩も外へ出ないで、ご飯すら部屋に運んでやる状態だというのです。

お母さんは、僕の講演のテープを息子にも渡してあるので、僕となら話をするかもしれない、だから、子どもに会いに来てくれないかと、すがるように訴えます。

僕が行ってどうなるのか、正直なところわかりません。でも、今のままではラチがあかないだろうから、「ほな、行きまひょか」と、たった今、会ったばかりのお母さんの家へ出かけることになりました。

「お母さんはいいですよ。僕一人で」と、彼の部屋のドアをノックします。

二度、三度ノックしても返事がありません。「おるのかい？　開けるで」とドアを開けると、部屋には誰もいません。

よくよく見ると、その中学生はベッドの下に潜り込んでいました。

理由があって潜っているんでしょうから、無理やり引っ張り出してもダメでしょう。

仕方なく、僕もベッドの下に潜り込みます。「頑張って、外へ出てみないか」とも言えません。頑張れなくて困っている人間に、「頑張れ」と言うほど酷な話はないのです。

こちらから相手のところに飛び込むしかないでしょう。

それにしても、母親にすらいっさい話をせず、背を向ける子どもに、こちらを向いてもらうのは容易なことではありません。

お母さんも責任を感じていて、私が悪い、悪いと自分を責めています。でも自分を責めることで許されようとしているところが、どこかにあるような気もします。

こうして、ただでさえでかい体の僕がベッドの下に潜ると、もう窮屈で、彼とぴったりくっつくしかありません。そんな変な格好で、僕は自分の中学時代の話をしました。

十三か月間、同級生から完全に無視されて、一言も口をきいてもらえなかった、つらかったあのころの話です。

「でもな、その経験があったから、それからは僕は人と波長を合わせることを大事にし、大勢の人たちとのいい出会いができたんや。

人間って不思議なもんだ。あのころはほんとに毎日がつらくて自殺も考えたのに、今ふりかえると、こんな人なつこい僕に、そんな苦しみ悶《もだ》える時期があったんやと、笑える話のネタになるんだから。そんなこともあったなあとさらりと言えるようになるんだから。

嫌なことがあったらな、『ネタづくりや』と思うんや。いいことよりも、案外おもしろいネタになるもんやで。

今の君だって、しんどい、つらいと苦しんでいるけど、未来からふりかえってみたら、ベッドの下に中村さんと潜り込んで、長々、話をしたなあと、懐かしい思い出になるんだよ。友だちや恋人に話して聞かせられる、いい話のネタになる日がきっと来る」

彼がこちらを向いてくれたのは、それからでした。彼も一人苦しみながら、救いを求めているのです。「人から言われてうれしい言葉って何？」とか、「好きな子おるんやろ」などと、二時間余り、ベッドの下で話し込みました。

「今とは違うスタートラインに立ってみないか。足を一歩踏み出してみよう。な、そうしよう」

最後に、彼とそんな密約を交わして、ベッドから這《は》い出てきました。

そして半年後、なんと彼は、堂々と外に出てきました。僕の講演を聴きに来てくれたのです。あの「ベッド下の密約」以来、彼は一歩前に踏み出しました。

大丈夫、ベッドの下でホコリまみれで僕と話したことが、いい思い出話になる日が、彼にはきっと来ると信じています。

ライバルに企業秘密丸出しの「世界一幸せな社長」経営者がワクワク喜んでこそうまくいく

僕のところには、どんなウェディングをやっているのか教えてほしいと、訪ねてこられる業界関係者がたくさんいます。いってみれば競合相手ですが、「それは企業秘密。手の内は明かさない」とは、僕は全然思いません。

「お客さんに喜んでもらいたいから、一つひとつ手づくりでこんなんやってるよ。おたくらもやって、喜ぶ人増やしていってあげてよ」と、洗いざらいノウハウを伝授します。

地元ばかりか大阪のホテルまで、お話をしに足を運んだこともあります。ところがせっかくお話ししても、みなさん実行しません。

「それができたら理想ですよね。でも……」

現実には手間がかかる、面倒だと、やろうとしないのです。たとえ現場のスタッフが「やりたい」と言っても、上の人間が許可しません。

あるホテルは、以前年間八百組やっていた披露宴が、今は百八十組に激減したといいます。それなのに宣伝広告費は以前と同じ、九百七十万円使っているというのです。

九百七十万円の宣伝費を稼ぐのに、いったい何組の式をやったら賄えるのでしょう。これでは本末転倒です。

それでもホテル経営者は旧態依然、型にはまったウェディングを続けようとします。上が変わらなければ、組織は変わりません。

「経営者」になってしまうと、お客様に喜んでいただける、ワクワクするようなうれしさから遠ざかってしまうのでしょうか。数字ばかりがちらついて、お客様の喜ぶ笑顔が見えなくなってしまうのかもしれません。

僕もいちおう経営者ですが、決算書は何年も見ていない、月々の売り上げすら知らない社長です。自慢ではないけれど、僕くらい数字にうとい経営者もいないでしょう。

数字のことはすべて専務の兄にお任せ。スタッフと抱き合ったり、からかったり、バカ言っては「飲みに行こか」「メシ食いに行こか」……ただのお祭り男です。

でも僕らは、宣伝費など一円もかけずに、年間七十組の披露宴を執り行い、年間百組のパーティを受け、ちゃんと利益を出しながら、お客さんの予想を上回るサービスを追求しています。

「最大の税金対策は、稼ぐことや」

これは河中さんの言葉の受け売りですが、ちゃっかり僕も口ぐせにしています。

「そんなん、しゃあないやんけ」

くだらない悩み、どうしようもない悩み、成長につながる悩み

僕の会社クロフネでは、僕はもっぱら「仏の社長」、兄が「鬼の専務」です。

僕がスタッフをきつく叱るようなことはありません。僕は社員にとって、あくまで気軽なアニキのような存在です。

それでもときには、「近ごろあいつ、ちょっと問題だな。今のうちに一言言ってやらにゃあな」と思うようなこともあります。そういう場合、「ちょっと飲みに行こか」「飯でも食って個人ミーティングしよか」と誘います。

まずはバカを言って笑わせ、相手の舌も滑らかになってきたところで、「おまえ、このごろどうしたんや？　地に足ついてないな」と、切り出します。


打ち解けて話しやすい雰囲気にしてから、本音を引き出すのです。そうすると相手は、今自分がいちばんきつい、困ったと思っていることを、必ず口に出します。

そうやって出てくる人間の悩みは、たいてい三種類に分けられるようです。

まず、数ある悩みの中の六割は、他人との比較で起こることです。

「あいつは要領がよくてまわりの受けもいい。自分はあいつよりずっと頑張ってるのにまるで評価されない」とか「誰々は女にもてるのに、おれはちっとも彼女ができない」というように、人と比較して自分はダメだ、ついてないというわけです。

悩んでいると言うけれど、十のうち六は、人とくらべて勝ったの負けたのという話です。

そんな悩みの解決策はいとも簡単。

「おまえ、そいつに勝つために生きているのか。そいつに負けないことがおまえの存在価値か？　人のことはどうでもいい。弱い自分を克服して、自分に負けない、

うまくいったらまた、「悩み」となって表に現れてくる。

「プライドをもった生き方すりゃいいだろ」

相手はストンと憑《つ》きものが落ちたように、すこしはにかんでうなずきます。言われてみたらほんとにくだらないことで、自分はうじうじしていたと気づくのです。

残る四割のうち一割は、悩んでもどうにもならないことです。病気になった、家族が死んだ、交通事故に遭ったなどなど。ああでもない、こうでもないと考えても、どうにもなりません。泣いても苦しんでも、「そんなん、しゃあないやんけ」という話です。

解決してくれるのは時間だけです。流れていく時に身をゆだね、苦しみが過ぎ去るのをじっと待つ以外に仕方ありません。

残る三割の悩み、これがもっとも肝心です。その人のいちばん弱いところ、ダメなところが、「悩み」となって表に現れているものです。

僕はこんなふうに若いスタッフに言います。

「おまえが悩んでること、それがおまえの弱点。それを克服できるかどうか、試されてるんや。そこから逃げようとしても、これを乗り越えないかぎり、悩みから抜け出せない。ここは一発肚《はら》を据え、弱い自分に打ち勝って、もう一つ上のステージへ上がらんか」

いわば、これがほんとうの悩むべき悩みです。

若者よ、大いに悩み苦しんだらいい。苦しみもがきながら、踏んばり乗り越えていく。そうやって人はでっかくなるのでしょう。

けっして、場所を変え、場所を変え、職種を変えるのではなく……。

人を光らせている人こそ光る人

兄に教わった、黒子に徹するでっかさ

僕は店をしょっちゅう留守にして、経営者としてはたいした仕事もしていません。出先でスタッフに電話を入れて話すことといったら、こんなぐあいです。

「どや。今日のお客さん喜んで帰ってるか？　ごっつい笑顔で帰ってくれたら、その人はまた来てくれる。お客さんが三千円しか使うてへん？　そんなんどうでもええねん。その人を喜ばせようと、おまえらが頑張ったか。僕が求めてるのはそれやから」

どのお客さんも満足して帰ってくれたら、必ずまた来てくれます。お客さんがうちの宣伝マンになって、「あの店いいぞ」と友だちを呼んでくれます。お客さんに喜んでもらうことだけ考えていたら、自然とお客さんが増えて、商売は順調にいきます。

「また来たい」「また会いたい」「この人のためなら」、そう思わせる人間力があれば、人もお金も、あとからちゃんとついてくるのです。

僕がそんなことをできるのも、兄のおかげです。こんなことを書くと「身内を褒めるなんて」と言う人もいるかもしれません。

でも、身近な人こそ大事だし、大事な人こそ褒めるべきだと僕は思います。だから、家族にもスタッフにも口に出して「おおきに」「ありがとう」としょっちゅう言います。

実家が火事になり、父が心臓発作を起こしたことをきっかけに、兄がカメラマンの夢をあきらめて伊勢に帰ってきたときです。

僕が興したレストランウェディングの事業を手伝うとなると聞いて、母は言いました。

「兄弟で仕事をすると、お金のことやなんやで、もめて仲たがいすることがよくある。そやからなあ、あんたたちがいがみ合うようだったら、お母さんが力ずくで、あんたらの店をつぶすで」

母がこう言ったら本気だということは、わかっていました。

だから僕も兄も、不満があったり、ぶつかり合いそうなときは、率直に言います。

「おふくろ悲しませるのが嫌やから、はっきり言うけどな」

こんな調子です。パンパンにたまる前に言い合うと、喧嘩《けんか》にならないのです。

しかし、そんな言い合いもめったにないのは、兄が「貧乏くじはみな、おれが引いたる」と言ってくれているからです。

「おまえみたいに自由な発想で人を動かし、ピョンピョン飛び回っている人間は、細かいことを見たらあかん。面倒はいっさい引き受ける。おれは、おまえの黒子に徹すると決めたんや。その覚悟がなければ、おまえとつきあえないことくらい、小さいころからずっと知っているおれは、わかっているから安心せい」

僕が講演を頼まれて、一週間も二週間も店をあけても、電話一本かかってこないのは、この兄のおかげです。こっちが寂しくなって電話をするくらいです。

たとえば、お神輿《みこし》一つとっても、乗る人より担ぐ人のほうがたくさんいます。日本はもともと「黒子文化」というものをもっているのかもしれません。

主役とは、分相応に輝くことだと兄は言います。

その意味で、黒子とは、人を光らせて光る人のことだと思うのです。

お金持ちになりたいのではなく幸せになりたい人には「福禄寿のバランス」が大切

僕が店でお客さんに喜んでもらったり、講演をしたりしているのも、お金のためではなく、結局は師匠と同じように、精神的な豊かさを求めるからです。

もちろんお金がまったくいらないわけではありません。お金はゆとりをもつためにも必要です。

「だから最低限余裕のある生活ができるまで、まずしっかり仕事をやっていこうよ。まだ人生の第一ステップ。もうすこし頑張ってみろよ」

僕は若い子たちをそう励まします。

人のご縁でおつきあいの輪が広がるにつれ、「大阪にこんな物件がある。事業を拡大しないか」「東京に出店してみないか」と、ビジネスのお誘いをよくいただくようになりました。

でも、いくらおいしい話があっても、僕は店を増やそうとか事業を拡大しようという気にはなれません。

五店舗、十店舗と増やしていったら、商売をマニュアル化し、システム化しなければなりません。社員も多くなって、僕の「人を喜ばせたい」という思いをスタッフに伝えることが、物理的に難しくなってしまいます。

それでは、お客さん一人ひとりの人柄を知って、手づくりでつくりあげていくウエディングはとうていできません。僕がやりたいこととは、大きくかけ離れてしまいます。

僕は、みんなでドタバタ駆けずり回りながら、お客さんが喜んでくれるのを見るのが、何よりうれしいのです。あるいは、スタッフがここから巣立って独立し、成長していくのを見るほうがずっと幸せなのです。

それは誰でも、「飲食店を二十店舗経営しています」「ビルを十個もっています」、そういう経営者に会ったら、「おおー、すごい」と思うでしょう。事業に成功して会社を大きくした社長は、たしかにかっこいいかもしれません。

でも、自分もそうなりたいとは思いません。会社が大きくなっても、「人を喜ばせたい」という商売の原点からずれてしまったら、なんにもなりません。「あなたの話が聞きたい」「中村さんでなきゃ」と請われるから、ホクホクとどこへでも飛んでいくのです。僕の講演を聞いて喜んでくれる人がいるから行くのです。お金のためではありません。

僕が住んでいるのは借家です。もち家でもお金でも、それは幸せになるための手段にすぎないはずです。家を買ったために生活費を切り詰めて、心のゆとりまでなくしたら、手段ではなく、家をもつこと自体が目的になってしまいます。

人は「福禄寿のバランス」がとれたとき、幸せを感じるといわれます。「福」とは人とのつながりやふれ合いです。愛する家族、大切にしたい人、信頼できる友人に恵まれることです。「禄」は生活に必要なモノやお金、「寿」とは健康のことです。

愛する人がいて、仕事や収入があり、健康であることが、幸せの条件だというわけです。

大実業家や資産家になることに、僕はなんの興味もありません。お金は、思い立ったときに動ける軽いフットワークのため、心豊かな生活を得るために、稼ぐものです。

心のゆとりをもって、必要なときパッと使える経済力があり、助けを求める人のところへすぐに飛んでいければいい。そのために必要なお金が稼げれば、それで十分です。

「おまえは成功したいか、金持ちになりたいか」と聞かれたら、誰でも「イエス」と答えるでしょう。では「金持ちになりたいのか、幸せになりたいのか、どっちだ」と聞かれたらどうでしょう。僕は迷わず、「幸せになりたい」と答えます。

成功して金持ちになりたいのと、幸せになりたいのとでは、大きな差です。プールつきの豪邸に住み、高価なスポーツカーを乗り回していたら幸せでしょうか。お金に困らず遊び歩けたら満足でしょうか。

財産があるよりも、大きなことを成し遂げた達成感、信頼し合える人たちに恵まれる「人持ち」人生、たくさんの人に頼りにされ、必要とされる喜び、この人でなければと求められる存在価値、こういうものを得てこそ、幸せな人生ではないでしょうか。

そういう目に見えない「財産」を手に入れて幸せになりたいと、僕は思います。

今の自分にたどり着いたのは、すべて神様の「はかりごと」

でっかい出会いへの期待を抱け!


最近、ボーッと考えることが、あるんですよね……。

以前は夢に向かってストイックに自分を追いつめ、頑張り、何かを達成することに喜びを感じていましたが……。

今は、未来の着地点はなんとなく決まっていて、未来から、今の自分が試されているのかなあ、なんて……。

僕は二十一歳で、初めて自分の店をもちました。

そのとき「夢がかなった」とは思わず、「予定どおり来たな」と思いました。

これから借金を返していかなくては、というプレッシャーのほうが大きくて、

「ヤッター！」などと喜んでいる暇もありませんでした。

それから山あり谷あり、壁にぶち当たりながらも商売を続け、二番目の店を手に入れることができました。そのときもまた「予定どおり来たな」と思いました。

その借金は二億三千万円。「失敗したときは、僕、ここに首吊《つ》るから、おらんなあいうたら、ここ探しに来いよ」、そんな宣言を開店日にしています。

店をもつことより、営業しつづけることのほうが、よっぽどたいへんなことも十分わかっていました。

それからはもっと深いどん底も経験しながら、いくらか景気がよくなり、徐々に商売が上向きに進んでいって、いいぐあいに軌道に乗るようになります。

こうして「これはいけるぞ」と思ってから、また二、三年が過ぎたころ、「えっ、自分はなんなんやろうな」と、迷い苦しむようになったのです。

というのは、商売もやっと余裕ができて、ふとまわりを見回すと、店が儲《もう》かるようになった人は、いい車に乗りはじめます。きれいな彼女を連れて歩き、高い店に飲みに行くようにもなります。

そういう人たちを見ていると、自分もそちらにぐいぐい引っ張られていきそうになります。「ベンツか、かっこいいな。女の子にいいとこ見せられるなあ」、そんな世界に吸い寄せられそうになるのです。

しかし、「いや、僕、いったいなんのためにこの店つくったんやったっけ」そう思って踏みとどまり、「なんのために稼いだお金使うんやったっけ」と自問自答し、もんもんと葛藤《かっとう》が続きます。借金して開店したときのほうが、ずっと楽なほどでした。

そんなころ出会ったのが、前にお話しした親友の谷君です。

僕は彼に、自分がこんなことで悩んでいると話すと、彼には彼の悩みがあって、二人ぴったり波長が合い、人生の深い話をずいぶんとぶつけ合いました。

そうして僕は、結局、目の前のことを懸命にやるしかない、そう気づいて行動していくと、水がさらさら流れていくようにして、講演や本を書く話が舞い込んで、僕の話を聴きたいと、全国からお声がかかるほどになりました。

ここまでたどり着いた自分を、自分の努力で勝ち得たものだとは、僕には思えません。神様が僕を試すために、試練を与えてくださって、いくつか及第点をとったので、今の役割を与えられたように思えてなりません。

すべてはあらかじめ決められていた、神様の「はかりごと」、そうとしか思えないのです。

人のご縁をいただいて、大勢の人たちの助けを借りてここまで来られたのは、ただの偶然とはいえません。

あの出会い、この役割は、どれもこれも、関門をクリアしたら与えてやろうと、最初から神様が定めていたものではないか、そう思えてならないのです。

試練として与えられているのだから、今、突きつけられた役割をしっかりやっていくしかありません。

僕は、いつも自分にそう言い聞かせ、今日もまた、「でっかい出会い」への期待を胸いっぱいにふくらませ、飛び回ることにします。

みなさんも、ぜひ「でっかい出会い」を探しに出かけてみませんか。

お互い違う空の下でも、いつかはお会いできることを念じて……。

おわりに……「おせっかい」は、出会いの花を咲かせる種まき

二〇〇四年の秋に、僕の故郷、宮川村を襲った台風は甚大な被害をもたらしました。

近在の住民が七人も亡くなりました。僕は、子どものころから仲よくし、学校もいっしょに通った後輩を一人亡くしました。

そのとき、僕が住んでいる伊勢はたしかに大雨でしたが、この大雨の被害が宮川村に及んでいるとは思っていませんでした。

よしんば雨が降っているとしても、もともと、日本一雨が多いところで、住民も慣れっこになっています。谷も深いし、大雨で被害を受けることなどありえないと思い込んでいたわけです。

そこに最初の連絡を入れてくれたのは、大分の肥川さんでした。「中村さん、たいへんやね」と言われてびっくりしてテレビをつけると、たしかに宮川村で山が崩れているというニュースが目に飛び込んできました。

今日は父が病院へ行く日なのにと思いつつ、自宅に電話をしたのですが、つながりません。役場に連絡をとると、山崩れが起きたのは、父が病院に行くためにそのあたりを通った、ちょうどその時間に近いわけです。

秋雨前線で土砂降りだったあとの台風ですから、自衛隊のヘリを出すこともできず、気をもむ僕にできることは、何もありませんでした。

結局、無事だということがわかったのは、丸三日後のことでした。両親の住む大杉谷は、二十軒ずつぐらいの集落に分かれているのですが、幸いなんの被害もありませんでした。

ようやく飛んだ自衛隊の衛星電話で話ができたとき、母は、父だけをヘリに乗せてもらって、こちらによこすと言います。

僕は母を叱りました。家なんか放っておいて、いっしょに来いと言ったのです。ところが、母は逆に、僕を「おまえ、アホか」と怒るのです。

母はこう言いました。

「みんな家をなくしたり、怪我《けが》をしたりして困っているのに、被害のなかった者が被害に遭った人のことを助けてやらんで、どうするねん！　お母さんは残るで！」

母は、父だけを送り出すと、家にとどまり十五人くらい泊めました。

水道も止まっているので、山から引いた水を十八リットル入りのタンクに詰めて、一輪車で運び込みました。

「溶けてしまっても困るから」と言いながら、電気の切れた冷凍庫の食べ物を分け合って、何日も過ごしたようです。

数日後、村民全員に避難命令が出て、母はようやく、伊勢の僕たちに合流することになりました。

そして、ほっとしたのか、来たとたんに、背中が痛いと言い出しました。病院でレントゲンを撮ってもらったら、疲労で背骨にひびがはいっていました。人の世話に夢中で、気づかなかったようです。ぐったり寝ているような状態が一か月続きました。今でも、ちょっと動くと痛いことがあるようです。

僕は、またもや母の「普通」のすごさ、「おせっかい」という「普通」に脱帽しました。まだまだ、この人には教えられることが、たくさんあるなと思ったのです。

追い詰められても取り乱すことなく、人のことを考えられる、そういう母に育てられた幸運が、今の僕をつくったといっても過言ではないと思っています。

この本では、出会いの大切さのほかに、親子関係や教育について、ふれたつもりです。

いっぱしの大人のつもりでも、オカンには勝てない……。そんな人がたくさんいたら、世の中ちょっと、ほっこりする気もします。

家族は、人生の最初に出会ったいちばん古い知り合いです。きっとご縁があるはずです。

みなさんもどうか、たくさんの新しい出会いと古い出会いを大切に、人のご縁で、でっかく、でっかく生きてください。

だから、今を大切に——。

それでは、次にお会いする日を楽しみに——。

二〇〇五年　春爛漫《らんまん》の桜満開の日に

中村文昭

本書は、二〇〇五年に小社より刊行された単行本を文庫化したものです。
文中の肩書き・データ等は刊行当時のものです。

サンマーク文庫

お金でなく、人のご縁ででっかく生きろ！②［出会い編］

2022年4月1日　初版印刷
2022年4月10日　初版発行

著者　中村文昭
発行人　植木宣隆
発行所　株式会社サンマーク出版
東京都新宿区高田馬場2-16-11
電話 03-5272-3166

フォーマットデザイン　重原 隆
本文DTP　山中 央
印刷・製本　中央精版印刷株式会社

落丁・乱丁本はお取り替えいたします。
定価はカバーに表示してあります。

ISBN978-4-7631-6132-1　C0130

ホームページ　https://www.sunmark.co.jp

サンマーク文庫

好評既刊

お金でなく、人のご縁ででっかく生きろ！

中村文昭

読み継がれて18年、伝説のベストセラーがついに文庫化！　読んだ瞬間、あなたの毎日が動き出す！

700円

きっと、よくなる！

本田　健

600万人にお金と人生のあり方を伝授した著者が、「いちばん書きたかったこと」をまとめた、待望のエッセイ集。

600円

変な人の書いた世の中のしくみ

斎藤一人

しあわせ、心、人間関係、経済、仕事、この世……。人生を好転させる、大事な大事な「しくみ」の話。

680円

最高の自分をつくる「心眼力」

野口嘉則

ミリオンセラー作家が説く人生の智恵、待望の文庫化！　あなたの人生を根本的に変える力とは？

800円

始めるのに遅すぎることなんかない！

中島　薫

人生の一歩を、ためらわずに踏み出すための最高の後押しをしてくれるベストセラー、待望の文庫化。

524円

※価格はいずれも本体価格です。

サンマーク文庫

好評既刊

がんばらないで成功する66の超カンタンな方法
本田晃一

ベストセラー作家の神髄にして原点。「好き」を大切にして自分らしく成功するための指南書！

700円

ワクワクしながら「天職」にであう！

矢尾こと葉

隠れた才能が開花する、とっておきのプロセスを大公開！　いつだって誰だって、運命の仕事は見つけられる！

700円

あたりまえのことをバカになってちゃんとやる
小宮一慶

成功者と凡人とを分かつ、紙一重の差とは？　人気経営コンサルタントが一番書きたかったこと。

600円

ANAのVIP担当者に代々伝わる心を動かす魔法の話し方
加藤アカネ

「伝説のCAマネージャー」が明かす、言いにくいことを言わずに相手を動かしこちらを好きになってもらう伝え方！

700円

人生は4つの「おつきあい」
小林正観

著者が最期に残した「幻の講演」が文庫に！　楽で、楽しく生きるためにもっとも大切にすべき4つのものとは？

700円

※価格はいずれも本体価格です。